El diario solidario de Renata

Ramón García Domínguez

Ilustraciones
Javier Zabala

EDELVIVES

EQUIPO DE ESPAÑA

Dirección Editorial
Departamento de Literatura GE

Dirección de Arte
Departamento de Diseño GE

Diseño
Manuel Estrada

© Del texto: Ramón García Domínguez
© De las ilustraciones: Javier Zabala
© De esta edición: Editorial Luis Vives, 2007

ISBN original: 978-84-263-6212-4

EQUIPO DE BRASIL

Director Editorial
Lauri Cericato

Coordinadora del Departamento de Idiomas
Ana Luiza Couto

Editora Asistente
Eliana Bighetti Pinheiro

Gerente de Producción Editorial
Mariana Milani

Coordinadores de Producción
Caio Leandro Rios, Expedito Arantes

Coordinador de Diseño
Eduardo Evangelista Rodrigues

Editor de Diseño
Roque Michel Jr.

Maquetación
Carol Ohashi, Felipe Borba, Mariana Martins Almeida

Supervisora de Corrección
Lilian Semenichin

Correctora de Pruebas
Carina de Luca

Director del Departamento Gráfico
Reginaldo Soares Damasceno

Reservados todos los derechos. Cualquier forma de reproducción, distribución, comunicación pública o transformación de esta obra solo puede ser realizada con la autorización de sus titulares, salvo excepción prevista por la ley. Diríjase a CEDRO (Centro Español de Derechos Reprográficos, www.cedro.org) si necesita fotocopiar o escanear algún fragmento de esta obra.

Dados Internacionais de Catalogação na Publicação (CIP)
(Câmara Brasileira do Livro, SP, Brasil)

García Domínguez, Ramón
  El diario solidario de Renata / Ramón García Domínguez ; ilustraciones Javier Zabala. — 1. ed. — São Paulo : FTD ; Zaragoza, ESP : Edelvives, 2015.

  ISBN 978-85-322-9705-1

  1. Literatura juvenil em espanhol, I. Zabala, Javier. II. Título.

14-05565   CDD-028.5

Índices para catálogo sistemático:
1. Literatura juvenil em espanhol   028.5

*A todos los niños a quienes
han arrancado los juguetes de las manos
para ponerles utensilios o fusiles.*

*Rindo homenaje, con esta novela,
a Salvador Bartolozzi, creador de Pipo y Pipa.*

*¡Anda a jugar, chico,
que muy pronto te obligarán a trabajar!*

Ana María Matute, El saltamontes verde

*Se prohibió severamente que los niños
jugaran por las calles, en los parques
o en cualquier otro lugar.*

Michael Ende, Momo

*Tienen la calle por casa. Son gatos en el salto
y en el manotazo, gorriones en el vuelo, gallitos
en la pelea. Vagan en bandadas, duermen en racimo,
pegados por la helada del amanecer.
Apagan el hambre y el miedo aspirando
gasolina o pegamento.*

Eduardo Galeano, Los gamines

Prólogo

QUE NO HACE FALTA QUE LEAS
(Pero si te apetece…)

Los acontecimientos que cuenta Renata en este diario que tienes en las manos, querido lector, no se los ha inventado ella, qué va. Me refiero a la Marcha Mundial y todo eso; la Marcha Mundial pasó por su ciudad —igual que por otras muchas ciudades del mundo— y ella y sus amigos, por lo visto, participaron muy activamente.

Tampoco se inventa Renata las cifras ni las historias de niños que recoge en su diario, las ha sacado de las páginas de los periódicos, ella misma lo dice.

Así es que este diario es más verdad que verdad. Y por eso es divertido y… escalofriante al mismo tiempo.

Al menos eso me parece a mí.

RAMÓN GARCÍA DOMÍNGUEZ

1

Diario de Genarro Marro

Se llama Genaro. Pero todos le llamamos Genarro, con dos erres, para que rime con marro; enseguida diré por qué.

Porque antes que nada y lo primero que tengo que decir es que hoy, día 29 de abril, comienzo a escribir de mi puño y letra este diario, cuyo protagonista principal va a ser Genarro. Bueno, Genarro y trescientos millones de chicos de todo el mundo. Y también Loles, y Pachi Gordo, y Sinfín, y Cris, y mi prima Casilda (la del aparato en los dientes, no sé si os acordáis), todos mis amigos. Y el profe de Lengua estofada, que se llama don Fructuoso. Y Aldonza Peonza, una chica checa. Y yo, claro, Renata Gutiérrez Arias. No sé si va a caber tanta gente en este cuaderno, difícil, ¿a que sí? ¡Pues cabrá, ya lo creo que cabrá! ¡Va a ser este un DIARIO UNIVERSAL!

Y en él voy a contar, día por día, lo que hemos organizado... No, lo que hemos organizado no, lo que he-mos tra-ma-do los alumnos de don Fructuoso y don Fructuoso desde el día de hoy hasta el día que llegue a nuestra ciudad la Marcha Mundial contra la Explotación Laboral de la Infancia.

Lo diré de otra manera (más a la pata la llana, como ha aprendido a decir Pachi Gordo, según su nueva manera de «hablar con propiedad»):

Escribiré en este diario cuanto hemos tramado los alumnos de Lengua al ajillo de don Fructuoso para liberar a Genarro Marro de su esclavitud. ¡Ahí queda eso, tentetieso!

¿Y a quién se le ha ocurrido el plan? ¡A quién había de ser, a la gran Loles! Mi amiga Loles, por si alguno no se ha enterado todavía, es la más MUY.

Todo empezó hace justo una semana. Cuando en clase de Lengua rebozada estábamos leyendo el periódico y don Fructuoso leyó que a finales del mes de mayo llegaría a nuestra ciudad la Marcha Mundial contra la Explotación Laboral de la Infancia, una marcha para protestar por los trescientos millones de niños de todo el mundo que trabajan en lugar de ir a la escuela y en lugar de jugar.

—¡Anda la mar —saltó entonces Serafín López, alias Sinfín—, igual que Genarro!

Y Loles se levantó de repente, como si le hubieran puesto un pincho en el trasero, y dijo, con la mirada iluminada:

—¡Se acabó! —y no dijo más.

—¿Qué es lo que se acabó, Loles? —preguntó entonces don Fructuoso, mirándola por encima de las gafas.

Mi amiga Loles todavía guardó unos segundos de silencio y luego, como si saliera de dentro de sus propios pensamientos, continuó hablando de esta manera:

—Si nosotros no podemos liberar de la esclavitud a los trescientos millones de niños del mundo que no juegan ni van al cole, podemos al menos liberar a uno.

—¿Has dicho... esclavitud? —preguntó, asombrado, don Fructuoso.

—¡Y está muy bien dicho, profe! —intervino entonces Pachi Gordo—. Quien trabaja contra su voluntad es un esclavo. ¿O no?

(A Pachi Gordo le gusta hablar últimamente «con propiedad», como él mismo dice, ¡lo que pasa es que suelta unas palabrejas, el muy cebollo!)

—¿Os estáis refiriendo por casualidad a Genarro? —siguió preguntando con interés don Fructuoso.

—Al mismo —respondió Loles.

—Pero... —continuó hablando el profe— a él le gusta recoger cartones por las calles, nos lo ha dicho él mismo más de una vez.

—¡Y también nos ha dicho que le gusta jugar! —replicó al punto Loles.

—¡Sobre todo al marro! —añadí yo.

Así era, en efecto. Genarro nos había dicho muchas veces que le gustaba mucho jugar, ¡a ver, como a todo el mundo! Al marro sobre todo. Por eso le llamábamos Genarro.

Pero lo más curioso es que Genarro no había jugado nunca al marro. Nunca jamás de los jamases. Primero porque no tiene tiempo, y segundo porque tampoco tiene una pandilla para montar el juego.

¿Que por qué decía, entonces, que le gustaba tanto jugar al marro si nunca había jugado?

Pues porque su tío Nicolás, con el que vive Genarro... Bueno, mejor lo cuento mañana, ¿vale? ¡En un diario no se escribe todo de una tacada el primer día, digo yo!

2

EL RECOGECARTONES

30 de abril

He decidido esta noche que no, que no voy a contar lo que hemos «tramado» los alumnos de don Fructuoso de aquí al día que llegue a nuestra ciudad la Marcha Mundial contra la Explotación Laboral de la Infancia. Mejor dicho, sí que lo voy a contar, pero no de golpe, sino conforme vayan ocurriendo los hechos. ¡Así tiene más suspense!, ¿no?, porque si lo explico todo el primer día...

Lo que escribí ayer es que el plan comenzó cuando a mi amiga Loles se le ocurrió que podríamos y deberíamos redimir de su esclavitud a Genarro Marro, ¿os acordáis?

Genarro Marro es un chico que se pasa la vida recogiendo cartones por los contenedores de basura para luego venderlos y sacar dinero para vivir. A veces va solo y otras veces va con su tío Nicolás, y cuando va solo y pasa por delante de las ventanas del cole, por delante de las ventanas de nuestra clase exactamente, don Fructuoso le llama y Genaro entra un rato y da la clase de Lengua con nosotros.

Al principio creíamos que entraba, sobre todo en invierno, para quitarse el frío y pasar un rato calentito. Pero enseguida nos dimos cuenta de que no, de que le chutaba un montón aprender palabras nuevas y leer poesías. ¡Lo que más le gusta del mundo a Genarro Marro —yo diría que más que el mismísimo marro— son las poesías! Le gusta leerlas pero, sobre todo, como él lee un poco chungo, porque solo fue al colegio, creo, muy de pequeñín, le gusta escucharlas cuando las leemos los demás en voz alta. Un día le preguntó a don Fructuoso si los poetas hablaban siempre en verso, en poesía.

Cuando alguien lee un poema, Genarro se queda con los ojos así como bizcos y la boca entreabierta y los demás no paramos de mirarle de reojo. Es un espectáculo, anda que no. Y el que más la goza es don Fructuoso, el profe de Lengua, que se queda igual de flipao que Genarro solo de mirarlo.

Genarro no es que hable demasiado, más bien habla poco, y lo único que nos ha contado es que su tío Nicolás es más bueno que el pan y que de niño jugaba en la calle al marro sin parar. Me refiero a su tío, no a él, él no había jugado jamás al marro hasta que un día salimos toda la clase al patio y organizamos una partida de marro solo para Genaro. Y a partir de ese día empezamos a llamarle Genarro. Y a él le mola un montón. Cuando don Fructuoso le llama por la ventana, «Genarro, ¿quieres entrar en clase?», él suelta una risilla como de repiqueteo de cascabel y entra como un rayo. Ah, y también le encanta que don Fructuoso pase lista y le nombre a él. Aunque si dice Genaro con una erre no contesta, el muy quedón, solo contesta si dice Genarro Marro.

Pero aparte de su pasión por el marro no nos ha contado nada más. Si don Fructuoso le pregunta por sus padres o por qué vive con su tío Nicolás, Genarro se encoge de hombros. Y si le pregunta por qué recoge cartones contesta que porque sí, porque le gusta.

—¿Te gusta recoger cartones de la basura? —insiste don Fructuoso.

—Sí —responde Genarro con una sonrisa. Y de ahí no lo sacas.

Por eso, cuando el otro día propuso mi amiga Loles liberar a Genarro de la esclavitud de recoger cartones, hubo una fuerte discusión en la clase. Unos decían que había que respetar la voluntad personal de cada ser humano, y otros decíamos —el grupo de Loles— que a Genarro le gustaba recoger cartones porque no le quedaba otro remedio. «¡Es una imposición de la injusticia social!», remachó Pachi Gordo, hablando «con propiedad», como él dice. (¡Vaya rollo cebollo que se gasta el tío!)

Se debatieron ambas posturas (¡ay, que se me está pegando!), y al final se decidió nombrar una comisión para ir a hablar con Genarro Marro y con su tío Nicolás.

Pero no ha sido esa la única decisión que hemos tomado tras la propuesta de mi amiga Loles. Tenemos todo un programa —no, queda mejor con mayúsculas: PROGRAMA— de aquí a que llegue a la ciudad la Marcha Mundial contra la Explotación Laboral de la Infancia. ¡Que no faltan más que tres semanas, por cierto!

Y lo primero que hemos hecho es escribir a los organizadores para pedir dos cosas:

Primera: Que nos dejen a don Fructuoso y a sus alumnos (nosotros) organizar la llegada de la Marcha y el recorrido por las calles hasta el ayuntamiento. (¡Seguro que les va a encantar la forma... «particular» de recorrer las calles que les hemos propuesto, que se me caigan las dos orejas al suelo si nos dicen que no!)

La carta la echamos al correo ayer, justo el día en que comencé este diario. Y la segunda cosa que les hemos pedido a los organizadores es que...

Mejor la cuento en su momento, ¿vale?

3

Casilda, Aldonza Peonza y la Marcha Mundial

2 de mayo

¡Esta Casilda es de circo! No, claro que no lo digo por su corrector dental, de eso nada, lo digo porque le ocurren cosas de chiste.

Ella y su inseparable Aldonza Peonza, la chica checa, se han hecho canguros. Se entrenaron durante un mes con mi hermano Columpio, que tiene año y medio, y después les han salido tres o cuatro compromisos con hijos de amigos de sus padres o de vecinos. Y parece ser que lo hacen muy bien, los niños se quedan encantados con ellas mientras sus papás se van a cenar o al cine. Se quedan siempre las dos juntas, eso sí. ¡Y ayer sábado les ocurrió algo increíble! Se quedaron a cuidar a Alfonsito, un niño de tres años, vecino de Aldonza Peonza, y el tal Alfonsito, que por lo visto es como Satanás en maqueta, les hizo una trastada que pudo acabar en tragedia.

Resulta que, después de estar jugando sin parar con él, con el niño, más de tres horas, intentaron dormirlo pero nanái de la China, el Alfonsito quería más traca. Que no se dormía ni a la de tres, vaya. ¡Y las que se quedaron sopas en el sofá del salón, dormidas como troncos de puro agotamiento, fueron mi prima Casilda y Aldonza Peonza, la chica checa! Y entonces va Alfonsito, el angelito de Alfonsito, ¿y qué diréis que se le ocurrió?

Bueno, antes de seguir tengo que explicar que si cuento aquí esta aventura, en el diario, que parece que no viene muy a cuento con lo de la Marcha Mundial y la carta que hemos escrito al Comité organizador, enseguida se verá que sí que tiene que ver, porque resulta que mi prima Casilda y Aldonza Peonza van a tener un papel muy importante

en el plan que hemos preparado, y después de la trastada de Alfonsito hay muchas dudas de si podrán o no podrán... Mejor sigo con la aventura, ¿vale?

Desventura habría que llamarla más bien, hablando «con propiedad», como dice Pachi Gordo; porque resulta que Aldonza Peonza y Casilda se quedaron dormidas en el sofá de puro agotamiento, como ya he dicho, y va entonces Alfonsito y les mete en las orejas un garbanzo. ¡No, cuatro garbanzos, uno en cada uno de los oídos de las dos chicas! Bien profundos, más adentro que adentro, tanto que tuvieron que ir a urgencias para que se los sacaran, no digo más. Y esta tarde tienen que ir al otorrino porque les tienen que hacer una exploración a fondo, no vayan a tener alguna lesión interna. Además, a mi prima Casilda le duele mucho uno de los oídos, me parece que el derecho, así es que no sé si podrá participar en la Marcha Mundial y llegar hasta Madrid, donde las va a recibir nada menos que la Reina.

Me explico: la Marcha Mundial contra la Explotación de la Infancia salió de Manila hace unos cuantos meses y está recorriendo un montón de países de todo el mundo. Dentro de quince días llega a España y en tres semanas está en nuestra ciudad, esto ya lo he dicho antes. Pero hay una cosa muy interesante: por cada ciudad que pasa, pueden incorporarse a la Marcha uno o dos nuevos participantes, siempre que el Ayuntamiento de esa ciudad lo apruebe y se haga cargo de ellos. Y nuestra clase de Lengua estofada, con don Fructuoso al frente, hemos pedido al Ayuntamiento que deje participar en la Marcha a dos alumnos, a dos de nosotros. Que resulta que, después de echar a suertes, les ha tocado a mi prima Casilda y a su inseparable Aldonza Peonza, la chica checa. ¡Las de los garbanzos de Alfonsito, justo!

Así es que, hasta el momento y para ir atando cabos, tenemos hechas (tenemos cursadas, diría Pachi Gordo) dos peticiones:

Una al Comité organizador de la Marcha Mundial para que nos autorice a planificar a nuestra manera la llegada de dicha Marcha a nuestra ciudad y el recorrido por las calles hasta el ayuntamiento.

Y otra al propio Ayuntamiento para que dos alumnos de nuestra clase de Lengua rebozada puedan incorporarse a la Marcha Mundial y seguir con ella hasta Madrid. ¡Qué digo hasta Madrid: hasta Ginebra, en Suiza, que es donde termina la Marcha Mundial, coincidiendo, según nos ha leído don Fructuoso en los periódicos —estos días leemos la prensa con más ganas que nunca—, coincidiendo con la Asamblea Internacional del Trabajo! Allí terminará la Marcha y allí se protestará a voz en grito por todos los niños del mundo que tienen que trabajar en lugar de jugar.

¿Nos dirán que SÍ a estas dos peticiones? ¿Nos dirán, maldita sea, que NO? ¿Quieres saber, querido di, quién puede resolver esta incógnita antes de que nos contesten los que tienen que contestarnos? ¿Sabes quién?

¡Sinfín!

4

SINFÍN EL ADIVINO

3 de mayo

Serafín López, a quien todos llamamos cariñosamente Sinfín, es un adivino. Bueno, tiene «propiedades adivinatorias» —como diría Pachi Gordo— en ciertas... circunstancias. ¿Que cuándo exactamente? ¡Cuando le da el hipo! No, no, no me estoy quedando contigo, querido di, qué va, que se me caigan las dos orejas al suelo si miento.

¿Y sabes cuándo nos dimos cuenta la primera vez? En los exámenes de las navidades pasadas. Estábamos jugando en casa de Aldonza Peonza, la chica checa, el día de su cumple, que es el 16 de diciembre, y al bueno de Sinfín va y le entra un ataque de hipo descomunal. Pero, de pronto, se queda así como mirando al infinito, abre los ojos como si viera visiones y dice:

—¡Anda, hip, la mar! Ya sé, hip, lo que va a pregun-hip-tar doña Teresa, hip, en el con-hip-trol del miércoles.

¡Y lo acertó! Doña Teresa es la profe de natu y nos puso en el examen por lo menos tres preguntas de las que había dicho Sinfín. ¡Lo malo es que ya no le dio más veces el hipo antes de Navidad y no pudo acertar los demás exámenes!

Lo que sí acertó, otra vez que le entró el hipo, fue que Pachi Gordo ganaría una carrera provincial de patinaje. Pachi Gordo participó en la modalidad de monopatín —en la que es un fiera—, y Loles y el propio Sinfín en la de patines en línea. ¡Y también acertó el puesto en que quedaron él y Loles! Loles la tercera y Sinfín el quinto.

Después ha acertado también alguna otra cosa, no me acuerdo ahora exactamente qué, pero la mala suerte es que le da el hipo cada mil y una noches sobre poco más o menos. Y como nadie sabe la fórmula para que le dé... Quiero decir que para cortar el hipo está lo del susto, vale, pero ¿qué hay que hacer para que empiece, eh?

La pobre Aldonza Peonza se pasó una semana entera detrás de Serafín a ver si le daba el hipo para preguntarle si un chico que conoció en un viaje en el puente de la Constitución le iba a escribir o no. El chico le prometió que le escribiría, eso sí, pero ya sabemos de sobra cómo son los chicos...

Ahora toda la clase andamos pendientes de que le dé el hipo a Sinfín para que adivine si nos van a contestar que sí o que no a las dos peticiones que hemos hecho al Ayuntamiento y al Comité organizador de la Marcha Mundial.

4 de mayo

A mi prima Casilda le sigue doliendo bastante el oído derecho y también le gustaría saber si se curará pronto para poder participar en la Marcha y poder así ir primero a

Madrid a ver a la Reina y luego a Ginebra a protestar ante los mandamases del mundo por los millones de niños que trabajan y no pueden ni jugar ni ir al cole.

¡Bueno, por los niños que trabajan como esclavos y por los niños que luchan en las guerras que hay por todo el mundo, que son más de trescientos mil, según un reportaje que llevó ayer a clase mi amiga Loles! ¡Más de trescientos mil niños soldados, yo es que no podía ni creérmelo!

Es que verás: mientras esperamos respuesta a las dos peticiones que hemos hecho, nuestro plan de acción abarca más cosas, uf, ya lo creo que sí, y una de ellas es recoger toda la documentación que podamos sobre el ataque a los derechos del niño en todo el mundo (Pachi Gordo dice «conculcación» de los derechos; está *grillao,* el pobre, ¿a que sí?).

Mañana lo cuento más despacio, ¿vale?, que son las doce de la noche y me derrito de sueño.

Ah, por si se me olvida: Iván Mediavilla, un chico que tiene más granos en la cara que una paella valenciana, ha propuesto esta tarde que había que elegir suplentes para la Marcha por si Casilda o Aldonza no podían participar por lo de los garbanzos en los oídos. Aldonza ha saltado como un muelle y ha dejado bien claro que ella va aunque se quede sorda como una tapia, que para una marcha lo que hay que tener bien son los pies, no las orejas.

(Aldonza Peonza, la chica checa, tengo que aclarar que no se llama así; bueno, sí se llama Aldonza pero con un apellido checo muy raro que suena algo parecido a peonza, por eso la llamamos todos de esa manera. Porque en realidad tampoco es checa, ¿sabes? Ella nació en España, pero como su padre es checo... ¡Ya lo explicaré otro día, ¿vale?!)

5
El álbum del Ca-Ca

6 de mayo

En la clase de Lengua rellena de don Fructuoso hay una «actividad febril», como ha dicho esta mañana el cebollo de Pachi Gordo. (¡El caso es que va a parecer que me cae gordo como su apellido, pero de eso nada, Pachi Gordo es un tío molón como hay pocos —un *pitón,* que dice Loles—, lo que pasa es que le ha dado por hablar «con propiedad» y aburre a las ovejas! Ya se le pasará, seguro.)

Todos tenemos asignada una misión. Incluido Genarro Marro, que estos días siempre encuentra un hueco para venir a nuestra clase. Tiene un recorrido callejero fijo de recogida de cartones y por delante del colegio pasa siempre a la hora de Lengua.

Lo primero que nos ha pedido don Fructuoso, como ya dije ayer, me parece, es que recojamos noticias y reportajes sobre los niños que son explotados a lo largo y ancho del mundo. Hemos comprado entre todos un álbum gordísimo y allí vamos pegando las noticias. El encargado del álbum es Casimiro Calleja, que he de confesar que a mí me cae fatal, es un machista, un borde, un capullo, y el mote de Ca-Ca se lo puse yo (por lo del nombre y el apellido, claro), y me siento orgullosísima. Casimiro Calleja, según la clasificación de mi amiga Loles, es un chico *pitín* de tomo y lomo. (La verdad es que hay muy pocos chicos *pitones,* con lupa y focos hay que buscarlos. ¿Quizá Genarro Marro...?)

Me estoy saliendo del tiesto, ya lo sé. Decía antes que estábamos recogiendo artículos y reportajes de los periódicos y algunos son escalofriantes. Niños que trabajan diez y doce horas en las minas, en plantaciones de caña de azúcar, en canteras, en fábricas. Auténticos trabajos forzados muchas veces.

—Para que luego os quejéis vosotros cuando os mandan en casa recoger la mesa —se le ha ocurrido esta mañana comentar a don Fructuoso.

Y ha sido cuando se ha levantado mi amiga Loles —¡la más MUY, sí señor!— y, con el mayor respeto, eso sí, le ha dicho a don Fructuoso que de alusiones personales nada, que aquí estamos todos reivindicando la solución a un problema —un problemazo ha dicho en realidad— internacional y que las moralejas y moralinas para la clase de Ética.

Don Fructuoso ha encajado muy bien el golpe —¡él sí que es un profe *pitón*!—, pero luego ha carraspeado dos o tres veces y ha replicado con un pelín de sorna:

—¿Un problema internacional? ¿Pero no habíamos quedado en que es más importante resolver los problemas que tenemos delante de nuestras narices, por ejemplo el de Genarro Marro?

La comisión para ir a hablar con el tío de Genarro está formada por don Fructuoso, Carlota, Milagritos, Pachi Gordo y la que esto escribe, es decir, yo, Renata Gutiérrez. Carlota y yo (y a veces también Aldonza Peonza, que no sé por qué se mete) hemos hablado unas cuantas veces con Genarro Marro, y lo que más me alucina son los madrugones que se pega. ¡A las seis de la mañana que se levanta, una pasada! Dice que hay mucha competencia en lo de recoger cartones y que hay que recorrer los contenedores de basura antes que nadie.

Un día le preguntó don Fructuoso que si quería ser recogecartones toda su vida y dijo que no, que de mayor le gustaría ser detective privado.

—¡Anda, como mi tío Agustín! —salté yo entonces. Se lo dije a mi tío, y mi tío, que es un pedazo de pan y a mí me quiere más que ni sé, me ha dicho que quiere conocer a Genarro y que le explicará los principales trucos de un buen detective.

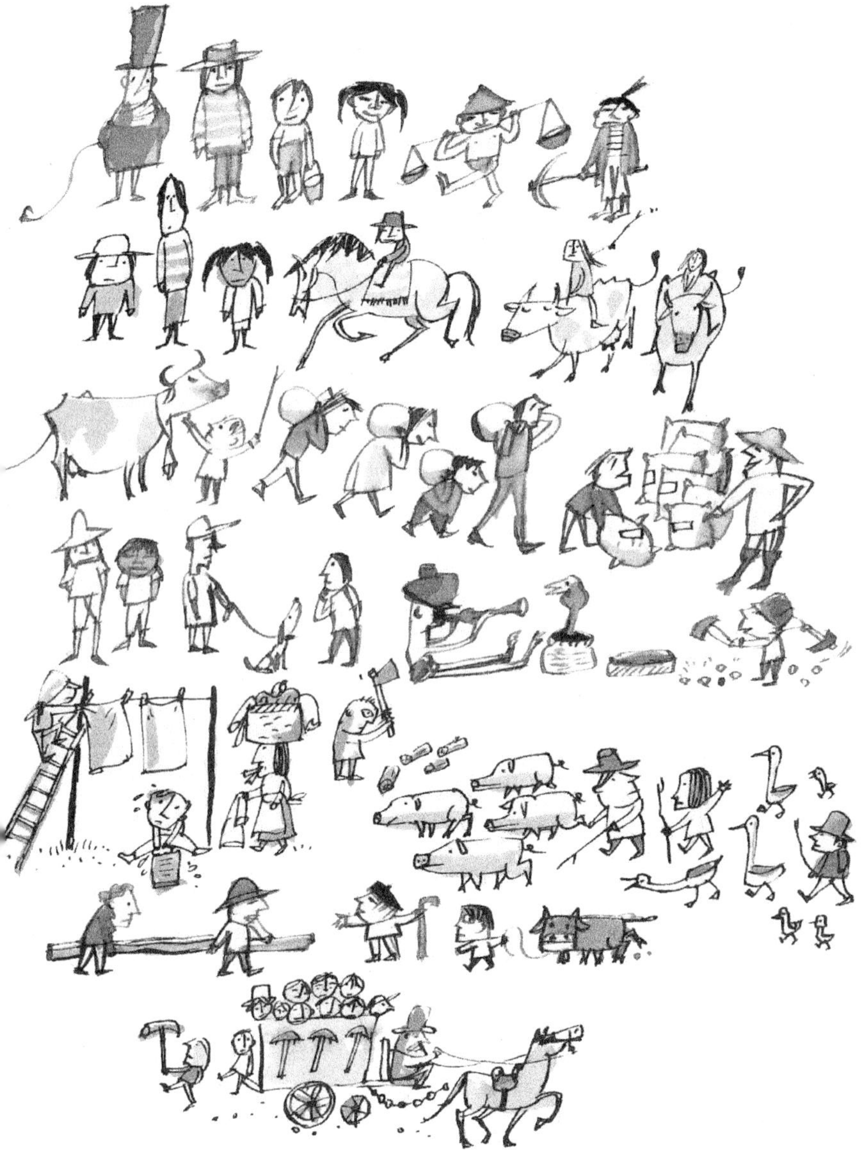

6 de mayo por la noche

Querido diario: ¡que le ha dado el hipo esta tarde a Sinfín y que sí que nos van a dejar organizar la llegada de la Marcha Mundial a nuestra ciudad, yiujuuu!

Ha sido alucinante, voy a ver si sé contarlo: resulta que no faltaban más que diez minutos para acabar las clases, cuando va y le da de repente un ataque de hipo al bueno de Sinfín. Y claro: oír todos el primer hipido y lanzarnos como locos a por él, ha sido visto y no visto.

¡Todos teníamos algo que queríamos que nos adivinara!

—¡Que no soy, hip, un pro-hip-feta, jolín! —se quejaba el pobre Sinfín, desesperado.

Pero ni caso, todos a voz en grito preguntándole cosas del futuro. Yo tenía incluso un encargo de mi mamá Maribel: que si lo de mi tía Cati —la que es más cursi que cursi, ¿os acordáis?— «llegará a buen puerto». Se lo tenía que preguntar de esa forma tan rebuscada para que nadie se enterase, pero en realidad se trataba de saber si un novio que le ha salido a tía Cati se casará con ella o no. No he podido preguntárselo porque ha sido tal la bulla que el pobre Sinfín ha tenido que taparse los oídos y ha salido huyendo como un perro acorralado. Menos mal que en la puerta le ha parado Loles, ha impuesto silencio a todo el mundo y ha gritado:

—¡Se acabó! Aquí lo único importante que hay que saber es si nos van a decir sí o no a las peticiones que hemos hecho. A ver, Sinfín, concéntrate: ¿nos van a dejar organizar la llegada a nuestra ciudad de la Marcha Mundial contra la Explotación Laboral de la Infancia?

—¡Hip, sí! —ha contestado Sinfín.

¡Alarido de alegría de toda la clase!

Pero cuando mi amiga Loles ha logrado sofocar de nuevo el alboroto y le ha vuelto a preguntar a Sinfín si el Ayuntamiento aprobará que dos de nuestra clase de Lengua rebozada —Casilda y Aldonza— se incorporen a la Marcha para llegar hasta Madrid y luego hasta Ginebra, Sinfín se ha quedado un momento mirando al techo y se ha encogido de hombros. ¡No ha sabido qué contestar porque se le había pasado el ataque de hipo! Se ve que lo habíamos asustado con el follón y el griterío y, claro, ya se sabe que los sustos para el hipo...

6

Pipa y Pipo

7 de mayo

Cuando mi papá, don Manolo, lee una noticia «inhumana» en el periódico se pone con casi cuarenta de fiebre y tiene que ducharse con agua fría para que se le pase el sofocón. ¡No exagero ni tanto así, palabra, que se me caigan las dos orejas al suelo si miento!

Mi papá es muy sensible, mi mamá Maribel le llama «licenciado Vidriera», no sé bien por qué, me parece que es por una novela de Cervantes, el *Quijote* no, otra.

Mi papá don Manolo llama noticias inhumanas a las que cuentan cosas como las de los niños explotados que nosotros estamos recopilando en el cole. Cuando leyó ayer la historia de dos niños indios, Marishwara y Babú, de ocho y de cinco años, que trabajan doce horas diarias en una fábrica de cerillas, le entró al pobre tal ataque de fiebre que el sillón donde estaba sentado temblaba igual que si hubiese un terremoto. Y cuando se duchó con agua fría y se le pasó el ataque, se puso sentimental y nostálgico y me dijo que le gustaría convertirse en Pipo para luchar contra todos los sinvergüenzas y malnacidos que esclavizan a los niños y les «roban la infancia», así mismo dijo. Esta reflexión y este deseo lo expresa mi papá muchas veces y a mí me encanta oírlo.

Pipo, querido diario, es un héroe de los libros que él leía de niño, que se los había dejado en herencia mi abuela y que ahora él me los ha dejado a mí. Y también a mí me fascina y me mola un montón el personaje de Pipo. «Un buen personaje, como dice mi papá, nunca pasa de moda.»

Bueno, en realidad son dos personajes, Pipo y Pipa. Pipo es un niño supervaliente que no para de hacer hazañas, y Pipa es una perrita de peluche que le acompaña siempre en sus aventuras.

Aquí entre tú y yo, queridísimo diario, he de confesarte sin embargo que yo he cambiado los papeles y Pipa es la heroína y Pipo su perrito fiel de peluche. ¡Y yo soy Pipa, a ver, por algo he hecho el cambio yo misma mismamente!, ¿no? Y siempre que me pasa algo malo o me veo en una situación chunga, cojo y me imagino que soy la gran Pipa y resuelvo el trance en un periquete. Pero antes de meterme en cualquier follón o peligro, ¿sabes lo que hago? Me concentro y recito las mismas palabras que dice Pipo en sus libros antes de emprender una aventura: «¡Que tiemblen los gigantes, que se preparen los dragones, las brujas, los piratas y todos cuantos genios malos existen en el mundo! ¡Que tiemblen, sí, porque Pipo —bueno, yo digo "porque Pipa"—, por el bien y por la gloria, sale en su busca y a todos vencerá con el arrojo de su potente brazo!».

¡Con el coraje de mi potente brazo me gustaría a mí enfrentarme, igual que dice mi papá don Manolo, a todos los rufianes y desalmados que esclavizan a trescientos millones de niños y no les dejan ni jugar ni leer libros de cuentos! ¡Y no digamos a los jefazos militares, los muy capullos, que meten en sus ejércitos a más de trescientos mil niños soldados y los obligan a pelear en mogollón de guerras que hay por todo el mundo!

¿Sabes lo que ponía en un reportaje que trajo ayer Aldonza Peonza, la chica checa? ¡Si lo lee mi papá hay que meterlo en el congelador para bajarle la fiebre, seguro!

Pues ponía que un fusil ametrallador que se llama AK-47 lo han rebajado de peso a menos de tres kilos para que pueda manejarlo tranquilamente un niño de ocho años. ¡Y puede disparar seiscientos tiros por minuto!

Pues aún era peor lo del reportaje de mi amiga Cris, que lo recortó de una revista inglesa que recibe su padre. En él se cuenta que los niños soldados de un país asiático, una isla, creo, cuando entran en combate llevan colgada al cuello una bolsita con polvo de cianuro, que es un veneno terrible y fulminante, para tragárselo inmediatamente si caen prisioneros del enemigo.

Sin comentarios. Sobran las palabras, ¿a que sí? ¡Hay que entrar inmediatamente en acción, Pipa y Pipo cabalgan de nuevo!

¿Que con la fantasía no se resuelve nada, dice alguien por ahí? Yo no estoy tan segura de eso, ¿no he leído en alguna parte, o acaso se lo he oído al padre de Loles, ya no me acuerdo bien, un eslogan que dice «La imaginación al poder»? ¿Entonces...?

8 de mayo

Hoy es sábado y no he abierto el diario en todo el día, y ahora es ya muy tarde para ponerme a escribir. Son casi las doce de la noche y me caigo de sueño. Pero no quiero dejar de apuntar que Casilda y Aldonza Peonza han pasado una nueva revisión médica, por lo de los oídos, y ya están bien requetebién, no hay ningún problema para que se incorporen a la Marcha Mundial cuando pase por nuestra ciudad.

Me parece que ya dije que Aldonza Peonza, la chica checa, dejó bien claro que ella iba a Madrid y a Ginebra aunque se quedara sorda, ¿os acordáis? ¡Menuda fiera está hecha Aldoncita! Ahora dice, además, que va a llevar colgado al cuello un cartel bien grande con este eslogan:

> BALAS, NO
> BALONES, SÍ

Mañana sigo.

7

LA CHICA CHECA

9 de mayo

¡Domingo, esto es vida, yiuuujuuu! Son las once y acabo de levantarme, ¿por qué los que inventaron la semana no pusieron cuatro o cinco domingos en vez de uno solo, eh?

(Renata: Tienes un morro que te lo pisas, ¿has pensado acaso en los 300 millones de niños que trabajan y que a lo mejor no descansan ni los domingos? ¿Has pensado en ese chico colombiano del reportaje que trajo el viernes Iván Mediavilla, que trabaja en una mina de esmeraldas desde las seis de la mañana hasta las seis de la tarde? ¿O en

Marcela, una niña brasileña con los mismos años que tú, que maneja el machete de cortar caña desde que sale el sol hasta que se pone?

¡Cualquiera de la clase tiene más conciencia solidaria que tú, Renata garrapata, ahí tienes a Aldonza Peonza, no hay en el ancho mundo mujer más reivindicativa que ella!)

Bueno, Aldonza y mi amiguísima Loles, poco se llevan la una con la otra. Las dos juntas son las encargadas de organizar el gran *chou* del pimpampún que tendrá lugar la misma semana que llegue a nuestra ciudad la Marcha Mundial. A esa semana la hemos bautizado ya como la Gran Semana... No, no, alto ahí, cada cosa a su tiempo, prometí al comienzo de este diario contar las cosas tal y conforme vayan ocurriendo y así lo haré.

Lo único que me permito adelantar es que lo del pimpampún tiene que ver con las guerras del mundo en las que luchan niños, niños soldados, ¿vale? Y no digo más. Lo que sí puedo también decir es que, en este asunto, Aldonza Peonza, la chica checa, está especialmente sensibilizada. ¡Odia las guerras,

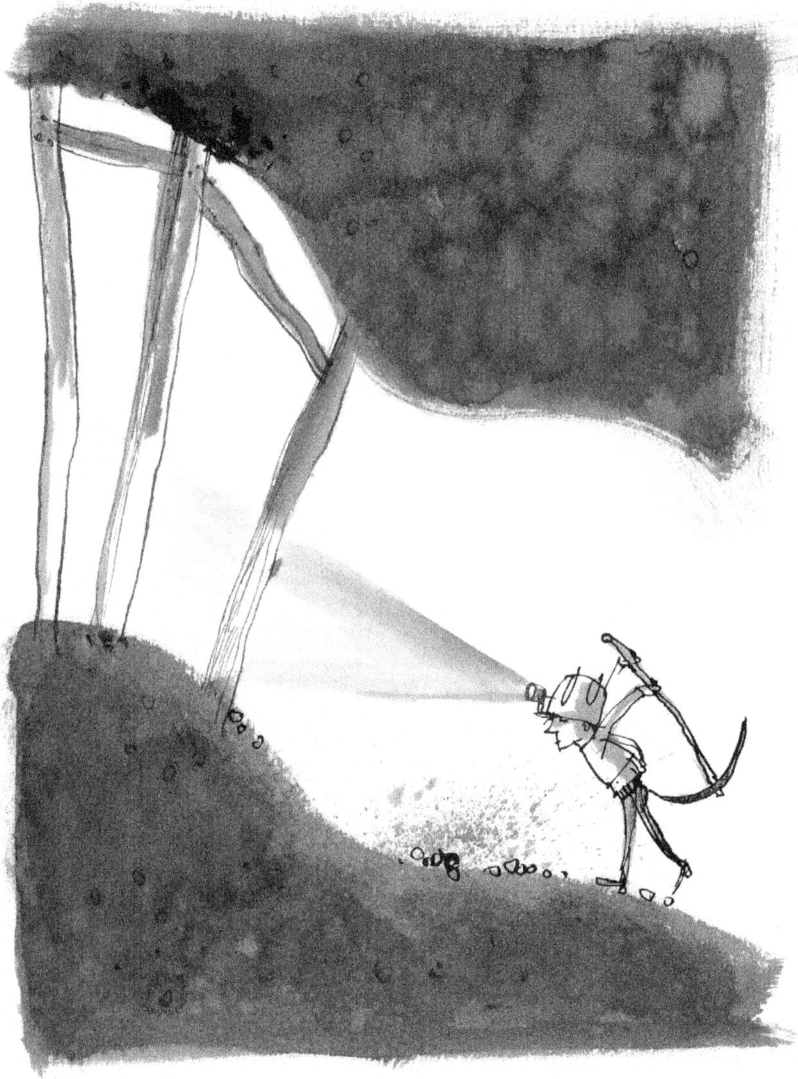

las armas y los ejércitos con todo el odio de su corazón! Todos los años, antes de Reyes, se pasea por la ciudad con un gran letrero colgado del cuello con alguna consigna contra los juguetes bélicos. Bueno, ella y su padre, los dos juntos.

El padre de Aldonza Peonza, que es la persona más cariñosa y más buena del mundo —mi mamá Maribel dice que parece que no tiene ni huesos de suave que es—, se pone hecho una furia cada vez que ve u oye cualquier cosa relacionada con los ejércitos o con las guerras. Y todo le viene de su país, de cuando era chico (¡un chico checo!). Vivía en Praga y un día de primavera, en una manifestación por la calle pidiendo democracia, iba de la mano de su padre —el abuelo de Aldonza Peonza—, cuando aparecieron de repente un montón de tanques y el pobre niño se soltó de la mano y ya no volvió a saber más de su papá. Desapareció. Lo hicieron desaparecer, mejor dicho. Y fue cuando la madre y el chico se vinieron a vivir a España. Luego, el padre de Aldonza se hizo ornitólogo y se casó con una chica de aquí que se llamaba Paz. Que es la madre de Aldonza, claro está. (Aldonza suele decir, medio en serio medio en broma, que su padre se enamoró de su madre mitad por lo guapa que era, mitad por el nombre.)

Y ya que me he puesto a hablar de Aldonza Peonza y de amoríos, cerraré el culebrón con una sospecha que me está enfurruñando la nariz desde hace días: me parece, me parece..., ¿lo digo?, ¿no lo digo? Allá va: ¡me parece que Aldonza Peonza está por Genarro Marro! ¿Que por qué... lo intuyo? ¡Ah, olfato detectivesco, en algo tiene que notarse que soy sobrina de mi tío Agustín!, ¿no?

Cada vez que Genarro Marro entra en la clase de Lengua al ajillo de don Fructuoso, a Aldoncita Peoncita se le encienden los ojos por lo menos, por lo menos con mil vatios cada uno. Y no sé cómo se lo monta para que el recogecartones se siente siempre junto a ella. Y aún más: hace dos o tres días me pidió que le cediese mi puesto en la comisión encargada de negociar con Genarro Marro y su tío Nicolás sobre el futuro de ambos.

(¡Oh, no, esto último no debería haberlo puesto, soy una maldita y despreciable chivata! ¿No será acaso, Renata barata, que tienes... pelusa de la chica checa porque también a ti te gusta el recogecartones?)

—¡A mí de qué!, lo que pasa es que una se pone a escribir en su diario, se embala y ya no hay quien la detenga. Eso es lo que pasa, nada más.

(Perdón, querido diario, no volverá a ocurrir, te lo prometo, que se me caigan las dos orejas al suelo si no cumplo mi promesa, ¿vale?)

8
DESCALZO Y SIN JUGAR AL FÚTBOL

10 de mayo

Sinfín es un cielo, más rico que rico, legal de la cabeza a los pies, «consecuente con sus principios y sus convicciones», como lo ha definido Pachi Gordo hablando «con propiedad» (¡uf, qué petardo!).

¿Cómo dirás, querido di, que se ha presentado hoy en clase? Sinfín, sí, Sinfín. ¡Pues ha llegado descalzo, con unos calcetines supergordos pero descalzo, sin zapatos! Bueno, sin zapatillas deportivas, que es lo que usa siempre (yo creo que no se ha puesto un zapato jamás). Sinfín usa zapatillas deportivas y de marca, y casi siempre de una marca famosa que no voy a poner aquí para no hacerles publicidad a los muy cobardes. Porque precisamente Sinfín se ha quitado sus zapatillas deportivas de marca y las ha tirado a la basura —según nos ha confesado— porque ha leído en un reportaje que allí donde se fabrican, en no sé qué país asiático, están contratando miles de niños que trabajan como esclavos y les pagan una porquería de sueldo. Pero aún ha llegado más lejos el bueno de Sinfín: con lo que a él le gusta jugar al fútbol, que es lo que más le gusta en la vida, que en cuanto tiene un ratín libre ya está pegando patadas al balón, pues así y todo acaba de hacer una promesa firmísima: no va a jugar al fútbol desde hoy hasta que termine el curso, un mes y medio más o menos. ¡Sinfín un mes y medio sin jugar al fútbol, increíble! ¿Y sabes por qué, querido diario? Por lo mismo que por lo de las deportivas: porque en otro de los reportajes que estamos coleccionando pone que en la ciudad paquistaní de Sialkot, que es donde se fabrican el 80 por ciento de los balones de fútbol del mundo entero, se calcula que hay 25.000 niños dedicados a coser balones. Cada chico cose de dos a tres balones al día y gana, ¿cuánto diréis?, treinta céntimos por balón. Treinta miserables céntimos por hacer un balón que luego, en cualquiera de nuestros comercios, te puede costar a ti treinta euros.

Don Fructuoso ha pedido un aplauso para Sinfín pero ha ido luego el cretino de Casimiro Calleja (el Ca-Ca) y le ha preguntado a Sinfín que por qué solo hasta final de curso, que si era «consecuente con sus principios y convicciones», como había dicho Pachi Gordo, ya no tendría que jugar al fútbol nunca jamás ni por los siglos de los siglos.

Pero Sinfín, que es un buenazo pero de tonto no tiene un pelo, va y le contesta:

—Después de junio, cuando acabe mi promesa, jugaré solo con los balones del veinte por ciento que no se fabrican en Pakistán.

¡Toma del frasco, carrasco, la carcajada que hemos soltado toda la clase ha sido mundial descomunal, que se chinche el pedorro de Casimiro Ca-Ca!

Hoy hemos recibido dos cartas. Mejor dicho: la clase de Lengua guisada de don Fructuoso ha recibido una carta y yo, por mi cuenta, he recibido otra. La primera es la respuesta de los responsables de la Marcha Mundial diciéndonos que aceptan nuestra propuesta de organizar la llegada de la Marcha a la ciudad y el desfile por las calles hasta la Plaza Mayor. Que el modo de hacer dicho desfile o recorrido les parece «muy original y divertido», así mismo dice la carta textualmente.

Parece que lo estoy contando sin el menor entusiasmo, ¿a que sí?, pero es que, como Sinfín ya había adivinado esta respuesta en su último ataque de hipo, pues la verdad es que no le hemos dado nadie la menor importancia a la carta, a la respuesta del Comité organizador, quiero decir; nos ha parecido tan normal.

Sin embargo, la carta que yo he recibido en mi casa, esa sí que me ha hecho mucha ilusión. Es de mi primo Rafa, el pecoso, ¿os acordáis de él? Bueno, la carta la firman mi primo y su amigo Ovidio *Mapamundi*, el chico del pueblo de mi bisabuelo Quintín que tiene el trasero exactamente como dice el mote.

Me dicen en la carta que se han enterado de lo de la Marcha Mundial y de todo lo que estamos organizando para cuando llegue a la ciudad, y me piden, me exigen, diría yo, participar también ellos. «¿Es que la panda de los SIMPI se ha olvidado de nosotros?», escriben textualmente.

Yo les voy a contestar que no es precisamente la panda de los SIMPI quien ha organizado este tinglado, que es la clase de Lengua del cole, pero mañana mismo voy a leer la carta en clase y seguro que nadie se opone a que mi primo Rafa y Ovidio *Mapamundi* se unan a nosotros. Y ahora que lo pienso, donde yo metería a los dos (además del desfile de la Marcha Mundial por las calles, eso por descontado), sería en lo del pimpampún, ¡menuda puntería se gastan Rafa y Ovidio, si lo sabré yo, donde ponen el ojo ponen la piedra!

(¡Ay, Renata garrapata, que estás metiendo la pata, que has prometido contar las cosas conforme vayan sucediendo y casi te vas ahora mismito del piquito!)

9

LA GRAN SEMANA DE LA CALLE

11 de mayo

Faltan aún once días para que llegue la Marcha Mundial a nuestra ciudad, pero solo una semana para la Gran Semana. La semana del 17 al 22 será la Gran Semana. La Gran Semana... ¿de qué? ¡La Gran Semana de la Calle, no me queda otro remedio que soltarlo de una vez, ya hemos comenzado a preparar a fondo el programa completo y creo que es el momento de empezar a hablar de la Gran Semana! La Gran Semana de la Calle, así se va a llamar. Y la hemos puesto ese nombre después de votar cinco propuestas posibles. La Gran Semana de la Calle ha sido la propuesta de mi amiga Loles —¡la más MUY!—, y este fue su razonamiento (porque cada propuesta tenía que ir acompañada de un argumento convincente, ¡ya hablo como Pachi Gordo, jolín!):

—La calle —se arrancó Loles— es donde trabaja nuestro amigo Genarro Marro. La calle es donde se buscan la vida montones de niños de todo el mundo, que además son linchados por bandas asesinas o capturados para convertirlos en soldados.

Esto lo dijo Loles, seguro, por un reportaje que hemos leído y recortado sobre «los niños de la calle» de Brasil y de otros países de Suramérica.

—La calle, en fin, que tendría que ser lugar de convivencia y de juego, la hemos convertido en un lugar inhabitable y hasta peligroso. ¡Reivindiquemos la calle! —concluyó Loles con voz solemne.

Este grito de mi amiguísima Loles fue tan vibrante que no la dejamos terminar su propuesta porque nos pusimos todos a aplaudir como locos.

Y fue después de nuestro entusiasmo cuando pudo añadir:

—Por eso propongo que la semana del 17 al 22 la llamemos la Gran Semana de la Calle.

Se votaron, como ya he dicho, otras cuatro propuestas más, pero ganó la de Loles por aplastante mayoría.

Y llevamos ya unos cuantos días preparando la Gran Semana de la Calle. Que culminará el día 22, sábado, con la llegada a nuestra ciudad de la Marcha Mundial contra la Explotación Laboral de la Infancia. ¡Todo redondo, yo estoy que no me aguanto de puros nervios!

Ah, se me olvidaba: don Fructuoso nos ha leído esta mañana la carta del Ayuntamiento, del mismísimo alcalde, en la que nos dice que está de acuerdo con que Casilda y Aldonza Peonza, la chica checa, participen en la Marcha Mundial y que la ciudad correrá con los gastos de esta participación. El señor alcalde dice al final que «tendrá mucho gusto en recibir en su despacho a las dos niñas y a su profesor». Aldonza Peonza y Casilda casi revientan de alegría cuando han oído esto.

Don Fructuoso nos ha dicho que aprovechará esta visita al alcalde para exponerle también nuestro plan del recorrido de la Marcha por las calles hasta la Plaza Mayor.

—¿Y usted cree, don Fructuoso, que al señor alcalde le va a parecer seria y circunspecta nuestra propuesta para recorrer las calles? —ha preguntado... ¿quién iba a ser?, ¡el mismo!

—Circunspecta no sé, Pachi —le ha contestado, un pelín quedón, el profe—. Pero original y divertida, seguro; acuérdate de que así les pareció a los propios organizadores.

—¿Y también le va a contar al alcalde las... otras cosas que vamos a hacer esa semana en la calle, profe? —ha preguntado Casilda.

—¡Ah, no, de lo demás chitón! Todo tiene que ocurrir por sorpresa.

12 de mayo

Los cuatro componentes de la comisión para hablar con el tío de Genarro Marro fuimos ayer por la tarde a su casa. Habíamos concertado la cita con el propio Genarro, y don Nicolás, su tío, nos estaba esperando en la puerta con corbata y una visera de cuadros galeses chulísima. También estaba Genarro y también llevaba corbata, y he de confesar que estaba superguay, una pasada de guapo, si lo ve la flipada de Aldonza Peonza se desmaya del infarto, seguro.

El profe don Fructuoso le propuso a don Nicolás si le gustaría ser conserje del colegio, de nuestro colegio, que el de ahora está a punto de jubilarse, y así Genaro podría ir al cole y no tendría que recoger cartones para vivir.

Don Nicolás sacó de muy adentro una sonrisa encantadora, se encogió de hombros, dijo que se lo pensaría y nos dio a todos las gracias, uno por uno, por preocuparnos por él y por su sobrino.

Luego, para que la tarde fuera completa, yo me llevé a Genarro Marro a ver a mi tío Agustín, el detective privado. Había quedado con él en una chocolatería y, después de ponernos ciegos a chocolate con picatostes, mi tío le enseñó a Genarro Marro uno de los trucos fundamentales de todo detective, el de saber seguir a un sospechoso sin que el sospechoso se dé cuenta:

—Siempre a diez pasos de distancia y a su derecha.

—¿A... su derecha? —preguntó Genarro Marro con un hilillo de voz—. ¿Y eso por qué?

—Porque siempre que vamos caminando y miramos hacia atrás, solemos hacerlo, instintivamente —los cacos incluidos—, por encima del hombro izquierdo.

—Ah... —exclamó Genarro Marro en un puro y duro arrebato de ensimismamiento.

10

PIPA Y PIPO EN LA FÁBRICA DE ALFOMBRAS

13 de mayo

Y Pipa (que soy yo) se planta delante del espejo y comienza a vestirse de heroína: se pone el peto de generala, se calza las botas de montar, se coloca en la cabeza el magnífico casco de papel de periódico y empuña fieramente su sable de madera con la mano diestra. Está imponente. Pipo, su inseparable perrito de peluche, no puede reprimir un gesto de asombro y casi, casi de susto.

—¡Guau! —exclama, que traducido significa «¡oh!» y «¡olé!» al mismo tiempo.

Y Pipa (que soy yo) sonríe satisfecha y grita, como siempre que va a emprender una nueva aventura:

—Que tiemblen los gigantes, que se preparen los dragones, las brujas, los piratas y todos cuantos genios malvados existen en el ancho mundo. Que tiemblen, sí, porque Pipa y Pipo, por el bien, por la justicia y por la gloria, salen en su busca y a todos vencerán con su arrojo y valentía.

Y sin pensármelo dos veces, a galope tendido de mi caballo de cartón, recorro el mundo entero para acabar con la explotación y la esclavitud de los trescientos millones de niños a quienes obligan a trabajar y no les dejan jugar.

—¡Vengo a devolveros la infancia que os han robado! —grito de norte a sur y de levante a poniente, lo mismo en los infectos vertederos de basura de Manila o Caracas, que en las malolientes tenerías de Marruecos, en las canteras de Haití, en las fábricas de ladrillos de la India, en las minas de carbón o de esmeraldas de Perú o Colombia, en las fábricas de zapatillas deportivas de Pakistán, en las plantaciones de caña de azúcar de Brasil, o en los grandes mercados y calles de Bangladesh o Río de Janeiro.

Detrás de mí, como mi fiel escudero, recorre el ancho mundo mi perrito Pipo, que carga a sus espaldas un enorme saco de juguetes. Balones, sobre todo balones de colores, uno para cada uno de los trescientos millones de niños que vamos liberando de su esclavitud, incluidos los niños de la factoría de alfombras de Nepal, incluido también, cómo no, Genarro Marro.

Los niños alfombreros de Nepal y Genarro Marro fueron nuestras dos últimas y más gloriosas hazañas.

Cerrad los ojos y volad conmigo al lejano oriente. En la fábrica de alfombras más grande del Nepal trabajan mil niños de cinco a catorce años. Pipa y Pipo (yo y mi perrito de peluche) lo saben. Pipa y Pipo están dispuestos a liberarlos. Pero cuando Pipa y Pipo irrumpen, colándose por una chimenea, en las grandes naves de la fábrica, allí no hay —oh, misterio— ni un solo niño. Igual, igualito que cuando llega la policía a inspeccionar: tampoco entonces hay niños, solo están los jefes que sonríen a los policías con cara de no haber roto un plato.

Pero a Pipa y Pipo no hay quien los engañe, ¡qué se habrán creído estos cebollos de jefes!

—Pipo —le grito a mi perrito—, ¿ves aquel montón de alfombras perfectamente enrolladas y atadas cada una con un cordel?

—¡Claro que las veo —responde Pipo—, por lo menos hay mil!

—¡Pues soltemos las cuerdas a ver qué misterio ocultan en su interior!

Y ambos a dos, Pipa y Pipo, Pipa de un tajo de su sable poderoso y Pipo de una dentellada, van cortando los cordeles y desenrollando las mil alfombras, de cuyo interior salen, medio asfixiados pero gritando de júbilo, los mil niños trabajadores de aquella maldita fábrica.

Vitorean a Pipa y Pipo (a mí y a mi perrito de peluche) y los llevan en hombros rumbo a la gloria.

Ya solo nos queda por liberar a nuestro amigo Genarro Marro. Trabaja en las calles de nuestra propia ciudad, lo mismo que miles y millones de niños se buscan la vida en las calles de las grandes urbes del ancho mundo. Genarro Marro recoge cartones en los contenedores de basura.

—¿Cómo lo encontraremos, Pipa? —me pregunta mi fiel Pipo—. ¿No lo habrán escondido los hombres malos lo mismo que a los niños de las alfombras?

—Puede que sí —respondo yo—; quizá hayan escondido a Genarro Marro y a todos los niños vagabundos en los propios contenedores de basura. Así parecerá que la calle está en orden y podrán pasear por ella los lujosos coches y los ciudadanos de bien con la conciencia tranquila. ¡Pero nosotros, Pipa y Pipo, descubriremos la trampa y salvaremos a Genarro Marro aunque lo hayan encerrado en las mismísimas entrañas de la tierra!

Y Pipa y Pipo (yo y mi fiel perro de peluche) recorren plazas, calles, callejas y callejones de la ciudad, y van levantando las tapas de todos los contenedores de basura. De cada uno surgen, como si se tratara de

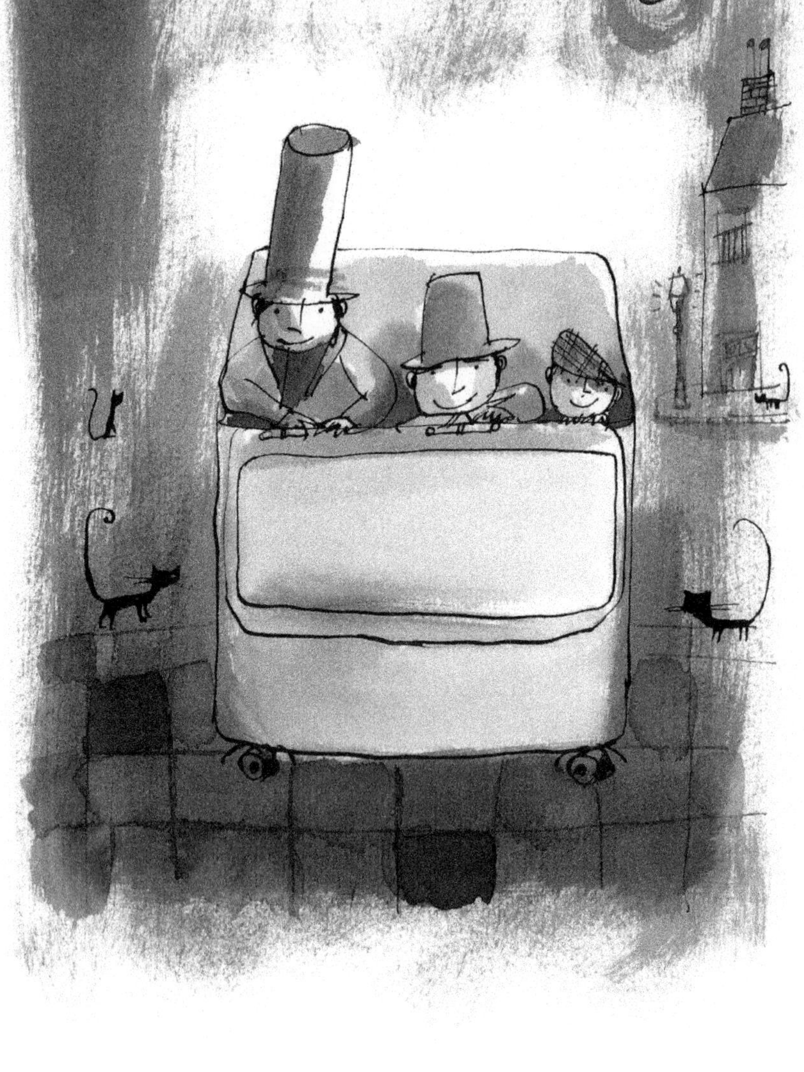

una caja de sorpresas, uno, dos, tres niños vagabundos. ¡En este está Genarro Marro! Lleva el pelo peinado y repeinado y luce una deslumbrante corbata. Se pone al frente del batallón y comienza a organizar el juego.

—¿Qué juego, Pipa? —me pregunta al oído del sueño mi perrito Pipo.

—¿Cuál ha de ser, Pipo? —le contesto—. ¡El gran juego del marro, al que Genarro Marro ha soñado siempre jugar!

11

EL DETECTIVE GENARRO MARRO ENTRA EN ACCIÓN

15 de mayo

Ayer no escribí nada. Ayer fue un día de verdadera locura, de frenesí, no paramos. La Gran Semana de la Calle está al caer y aún nos quedan mogollón de cabos sueltos. Además hemos añadido una actividad más al programa de la Gran Semana. La he sugerido yo, se me ocurrió después de mi fantástica hazaña transformada en Pipa. ¿Qué hizo Genarro Marro cuando lo liberamos, mi perrito Pipo y yo, del contenedor de basura en que lo habían secuestrado? ¿Qué organizó, eh? ¡Pues eeeso mismo! (Y ya no suelto más, muérdome la lengua y me coso los morros.)

¿Que si le he contado a alguien mi gran hazaña? A ti, querido di, y a mi amiguísima Loles, naturalmente. A mi amiga Loles le cuento todo. Incluso los sueños. Nosotras los llamamos visiones.

—He tenido una visión —le dije ayer por la tarde. Y se la conté de pe a pa.

Loles dice que las visiones anticipan lo que va a suceder de verdad. Preparan las cosas que luego van a pasar. Eso dice ella. Y por eso está convencida de que va a salir bien el plan de salvar a Genarro Marro. Su plan, porque fue a ella a quien se le ocurrió, te acuerdas, ¿no?

A quien no le he dicho nada de nada ha sido al propio Genarro. Primero, porque no me atrevo a confesarle que he soñado con él, se me caerían las dos orejas al suelo de vergüenza, ¡puf! Y segundo, porque la nueva actividad que he propuesto para la Gran Semana tiene que pillarle a Genarro por sorpresa.

Donde anda Genarro metido hasta las cejas es en organizar la llegada de la Marcha

Mundial y su recorrido por las calles hasta la Plaza Mayor. Incluso va a ir el lunes con don Fructuoso, Casilda y Aldonza Peonza a ver al alcalde. Y a él mismo se le ha ocurrido la idea de invitarle a que participe personalmente en ese recorrido. Bueno, el alcalde y el Ayuntamiento en pleno, todos los concejales, veintitantos me parece que son.

—Pero..., ¿les vas a proponer al alcalde y a los concejales que participen en el recorrido por las calles haciendo lo mismo que vamos a hacer los chicos? —ha preguntado el cebollo de Casimiro Calleja, el Ca-Ca, al escuchar la propuesta de Genarro.

—¿Por qué no? —ha contestado Aldonza Peonza, la chica checa, robándole la palabra a Genarro.

—¡Pues porque no van a aceptar, anda esta! —ha replicado el Ca-Ca—. No querrás que vayan haciendo el payaso por la calle.

—¿El payaso? —he intervenido yo entonces, sin poder aguantarme—. El payaso lo serás y lo harás tú. ¡Resulta que a los organizadores de la Marcha Mundial les parece una idea genial y a ti...!

—¡Vale ya, vale ya! —ha zanjado el asunto don Fructuoso.

—Además, sí que van a aceptar —ha dicho de seguido Genarro Marro.

—¿Y tú cómo lo sabes? —pregunta Pachi Gordo—. ¿Eres profeta?

—¿Profeta? —se extraña Genarro—. ¿Qué es profeta?

—Adivino, ¿eres adivino? —vuelve a preguntar Pachi Gordo.

—Yo no, pero Sinfín sí. Le ha dado el hipo hace un rato y ha dicho que el Ayuntamiento aceptará participar en la Marcha por la ciudad tal y como le digamos. Al menos una parte del Ayuntamiento, el alcalde y unos cuantos concejales. Eso ha dicho Sinfín.

Eso había dicho Sinfín, efectivamente. Le había dado un ataque de hipo cuando iba al cole por la mañana y había querido la casualidad que se encontrase con Genarro, que andaba recogiendo cartones. Y Genarro no perdió la ocasión de preguntarle si tendría éxito el plan que se le acababa de ocurrir y que nos propondría a todos dos horas después, en la clase de Lengua al ajillo.

—¿Y por qué dices que solo va a participar una parte del Ayuntamiento? —le preguntó directamente don Fructuoso a Sinfín.

—No sé, profe —contestó este—. Es lo que me ha venido a la cabeza cuando me ha dado el hipo.

—Yo sí que lo sé —intervino de nuevo Genarro Marro, con una sonrisa de cine. Con la sonrisa de los detectives que salen en las películas, igualita.

Porque Genarro Marro estaba ya actuando como un auténtico detective, había aprovechado bien aprovechada la lección de mi tío Agustín. Lo que añadió a continuación me lo confirmó del todo:

—Pero yo me encargaré de que participe en la Marcha el Ayuntamiento en pleno, el alcalde y todos los concejales sin dejar uno. Dejadlo de mi cuenta, ¿vale?

Fue tal el aplomo con que dijo lo que dijo, que la clase entera nos arrancamos en un aplauso total. Y Aldonza Peonza, la chica checa —que está coladita por Genarro—, hasta soltó un «¡Bravo!» que resonó en todo el colegio.

16 de mayo

¿Quién ha dicho que los domingos no pasa nunca nada? Hoy es domingo y me ha ocurrido una catástrofe, lo peor.

Mi hermano Columpio, que es como un terrorista en miniatura, me ha pillado el diario, este diario, y lo ha metido en la bañera donde mamá lo iba a bañar a él. En lugar de su patito de goma, ¡mi diario!

Mi mamá Maribel lo ha rescatado tras el primer remojón, pero el desastre ya estaba consumado. Eran las diez de la mañana y ahora son las once y media de la noche, ¡trece horas y media llevo reconstruyendo las treinta y cuatro páginas que llevaba escritas! He dicho a mi mamá que no quiero ver a ese enano «terminator» en una semana —¡con lo que le quiero!— so pena de convertirme en una fratricida sin piedad.

(La piltrafa del viejo diario la enterraré mañana con todos los honores. No puedo más, me voy a dormir y a olvidar.)

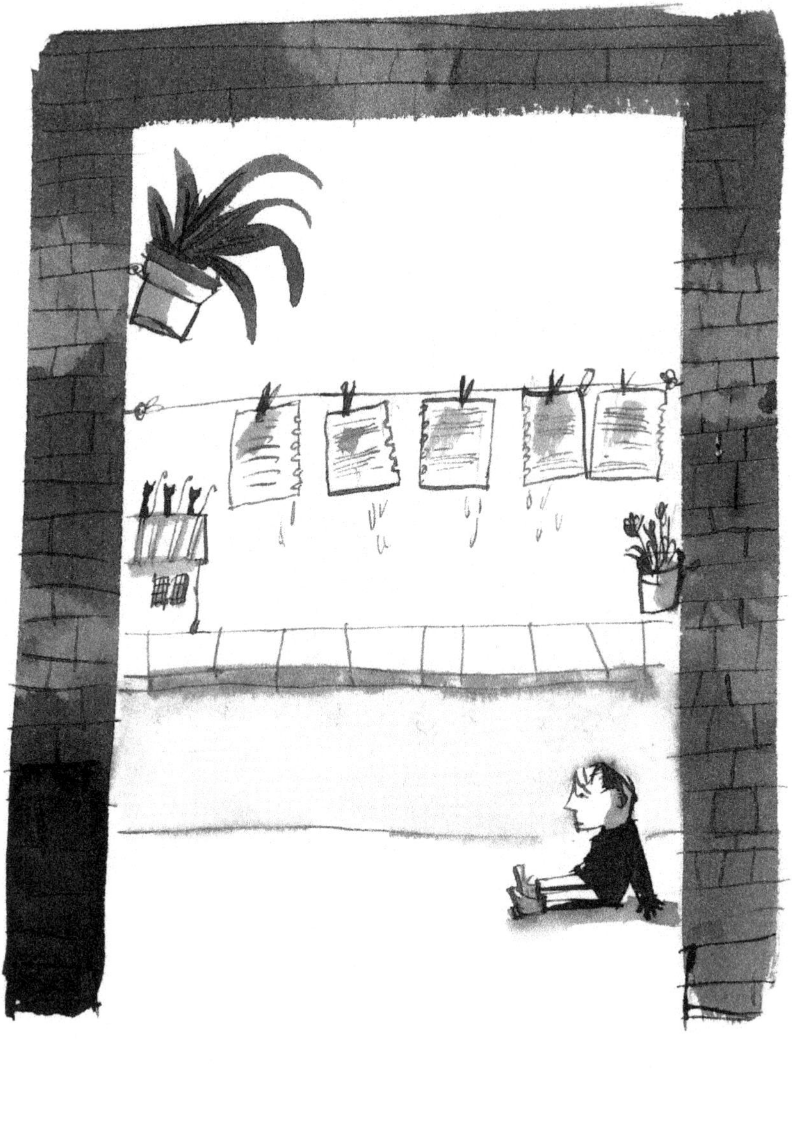

12

EL PERRO *CAPICÚA*

17 de mayo

¡Hoy por fin comienza la Gran Semana de la Calle! Hemos tenido asamblea general en la clase de Lengua empanada y don Fructuoso nos ha dicho que la calle es nuestra y solo nuestra, de todos los ciudadanos pero sobre todo de los niños, y que esta semana hay que estar en la calle, disfrutando de la calle el mayor tiempo posible, que además hace un tiempo espléndido.

¿Y quién dirás que ha estado en la asamblea general? El tío de Genarro Marro, don Nicolás, y nos ha contado que en sus tiempos, cuando él era niño, se pasaba jugando en la calle horas y horas y horas, sobre todo al marro, que él nunca jamás se cansaba de jugar al marro.

—Pues mañana —le ha dicho entonces don Fructuoso—, vaya usted a las once a la plaza de la Constitución, que le tenemos preparada una sorpresa.

Genarro Marro ha empezado a preguntar por lo bajo a unos y otros que de qué iba, pero nadie se ha ido del pico porque también para él tiene que ser una sorpresa. ¡Es el plan que se me ocurrió a mí después de mi hazaña convertida en Pipa!, ¿o es que no te acuerdas?

¡Pues esa es la sorpresa!

La primera actividad de la Gran Semana va a ser la pegada de carteles por toda la ciudad. Comenzaremos después de las clases de la tarde, y para esa hora ya habrán llegado del pueblo mi primo Rafa, el pecoso, y su amigo Ovidio *Mapamundi*.

¡Y me han dicho por teléfono que viene con ellos el perro de *Mapamundi*, que se llama *Capicúa*!

Ah, que no se me olvide: el eslogan de los carteles que vamos a pegar dice así:

> NIÑOS DE LA CALLE, NO
> LA CALLE DE LOS NIÑOS, SÍ

¿Coges el sentido? Los «niños de la calle», me parece que ya lo he dicho en alguna página anterior, son los niños que andan vagabundeando por calles y plazas de grandes ciudades del ancho mundo, trabajando como esclavos y muchas veces apaleados y linchados por bandas asesinas. Por eso los llaman en los periódicos «los niños de la calle» (que en brasileño, porque en Brasil es donde más hay, creo, se llaman *«meninos de rua»*).

Contra esta situación de los «niños de la calle», nosotros pedimos que la calle sea de los niños, eso es lo que dicen los carteles.

Don Fructuoso nos ha leído también un reportaje que habla de un señor italiano que se llama Francesco Tonucci, que está haciendo una campaña en varias ciudades de Italia para devolver la calle a los niños. En Fano, su ciudad, ha conseguido que ocho chicos asistan de vez en cuando al pleno del Ayuntamiento y allí denuncien que no pueden jugar a la pelota en las plazas y cosas así. El lema de Francesco Tonucci es que «si las ciudades son buenas para los niños, serán buenas para todos».

¡Bravo por don Francesco, lo hemos nombrado nuestra mascota!

Bueno, eso es lo que ha propuesto textualmente el bueno de Sinfín, con el entusiasmo que le caracteriza:

—¿Por qué no escribimos una carta a ese señor y le nombramos nuestra mascota, profe?

¡La que se ha armado!

El cebollo de Casimiro Calleja, el Ca-Ca —sin duda, se nota a la legua que le odio, ¿verdad?—, ha soltado inmediatamente que mascotas son los animales, no las personas. Y lo mismo han dicho, riéndose del pobre Sinfín, unos cuantos más. Casi toda la clase, vaya. Hasta que ha pedido la palabra Pachi Gordo y nos ha dejado a todos boquiabiertos:

—Estáis todos equivocados. Sinfín ha hablado con toda propiedad: según el Diccionario de la Real Academia, «mascota es toda persona, animal o cosa que sirve de talismán y trae buena suerte».

Hasta don Fructuoso se ha quedado alucinado, os lo juro, que se me caigan las dos orejas al suelo si no pensaba también él que mascotas podían ser solo los animales.

Total que, después de la sorpresa general, a todos nos ha parecido genial la propuesta de Sinfín y hemos nombrado mascota de la clase a don Francesco Tonucci. Y hasta hemos clavado en la corchera una foto suya que venía en la revista.

Son las diez de la noche y ya hemos terminado la pegada de carteles por toda la ciudad. Pero ha ocurrido un contratiempo: se nos ha perdido *Capicúa*, el perro de Ovidio *Mapamundi*. Mientras escribo estas notas andan mi papá, mi primo Rafa y el propio *Mapamundi* buscándolo, pero me da a mí que no lo van a encontrar. ¡Con lo molón que es el chucho! Es grandón y muy peludo, y se llama *Capicúa* porque es casi igual por delante que por detrás, hay que fijarse mucho para distinguir la cabeza del trasero.

En cuanto Rafa y su amigo han llegado del pueblo se han puesto a pegar carteles con todos nosotros y *Capicúa* nos seguía a todas partes. Y en la plaza del Romanticismo va y desaparece. *Mapamundi* dice que se habrá flipao con el barullo de la ciudad, seguro, pues era la primera vez que salía del pueblo.

El caso es que ya han vuelto de buscarlo y *Capicúa* no ha aparecido. Pero tampoco veo yo a *Mapamundi* muy preocupado...

13

¡El más MUY!

¡No, no, no puedo irme a la cama sin contar la visita de don Fructuoso, Casilda, Aldonza Peonza y Genarro Marro al Ayuntamiento! Perdona, querido diario, ya sé que es muy tarde, yo también estoy rota, pero mañana habrá mucho que contar —¡es el primer gran día de la Gran Semana!— y no puedo pasar por alto esta visita.

No sé si te acuerdas de que el alcalde había citado en su despacho a nuestro profe y a los dos participantes en la gran Marcha. ¿Y de que Genarro Marro iba a asistir también a esa entrevista para convencer al alcalde de que tome parte en el desfile del sábado por las calles de la ciudad?

¡Pues lo ha conseguido! Participarán el señor alcalde y la tercera parte de los concejales, justo como había profetizado Sinfín en su último ataque de hipo.

¿Qué por qué solo la tercera parte? Aquí está el misterio y aquí comienza la intervención «detectivesca» del gran Genarro Marro (¿estaré yo, querido diario, empezando a...?).

La entrevista con el alcalde nos la han contado al alimón Casilda, Aldonza Peonza, la chica checa, y Genarro Marro. Bueno, más bien las dos chicas, porque Genarro casi se ha limitado a sonreír mientras ellas hablaban sin parar. ¡Sobre todo Aldonza Peonza, que se nota a la legua que está flipada por el recogecartones! (La verdad es que tiene el niño una sonrisa que te marea.)

—Pues va Genarro —dice Casilda— y le planta al alcalde de sopetón: «¿Y a usted no le gustaría desfilar por las calles con todos los participantes de la Marcha Mundial?».

—Claro, cómo no, ha respondido el alcalde —sigue narrando Aldonza Peonza—, me encantaría, sería para mí un honor.

—Pero es que... —continúa Casilda— la manera de recorrer las calles, dice Genarro con una de sus peculiares sonrisas, es un poco... especial.

—¿Especial? —pregunta el alcalde.

—Y va Genarro Marro —habla de nuevo Aldonza Peonza— y le explica al alcalde, con vivos colores y con un entusiasmo irresistible, cómo va a ser exactamente el recorrido callejero de la Marcha hasta llegar a la Plaza Mayor.

—El alcalde arruga el entrecejo tras la explicación de Genarro —sigue contando Casilda—, y Genarro, sin dejarle reaccionar, entra al ataque de nuevo...

—... demostrando sus dotes de convicción —concluye Aldonza Peonza.

—Sí, sí, ya sé que puede parecer un poco... chocante y hasta ridículo para una autoridad recorrer las calles de esa manera, señor alcalde, ¡pero piense usted que es por una causa muy noble, y piense además que le dará popularidad y votos para las próximas y cercanas elecciones!

Oír el alcalde «votos y elecciones» y abrírsele unos ojos de codicia fue todo uno.

—¡Qué ha de ser una manera ridícula de recorrer las calles —se apresuró a decir—, es más bien una manera... original y simpática! ¡Me apunto! Yo y mis concejales participaremos en la Marcha Mundial a su llegada a nuestra ciudad, está decidido.

—¿Todos los concejales? —pregunta inmediatamente Genarro Marro.

—Bueno..., solo los de mi partido, los demás sí que pensarán que es hacer el ridículo recorrer las calles de... semejante manera. Seguro que piensan así, los conozco muy bien.

Ahí estaba la predicción de Sinfín y de su hipo, bien claro había dicho él que participarían en la Marcha el alcalde y solo unos cuantos concejales, ¿no?

¡Pero ahí estaba también Genarro Marro para actuar «detectivescamente» y conseguir que sea el Ayuntamiento en pleno quien recorra las calles el próximo sábado!

Así lo prometió el viernes en clase y así lo ha prometido de nuevo esta tarde después de que Casilda y Aldonza Peonza narrasen con pelos y señales la entrevista con el alcalde que yo acabo de contar:

—Van a participar en el correcalles los tres partidos políticos que componen el Ayuntamiento, es decir, todos los concejales —afirmó, con voz de capitán, Genarro Marro—. ¡Y además, creyéndose cada partido que es el único que desfila!

(¿Sabes lo que te digo, querido diario? Que después de mi amiga Loles, el más MUY es Genarro Marro. Un chico *superpitón*, vaya, que diría mi propia amiga. ¡Y todos que le creíamos un mosquita muerta, que cuando le preguntaba algo don Fructuoso él solo contestaba sí o no y se sonreía bobaliconamente! Sí, sí, bobaliconamente, ¡más listo que el hambre, eso es lo que es! Se ve que recoger cartones también agudiza el ingenio. Y sobre todo el sentido común, que a Genarro se le sale a chorros por las orejas. ¡Anda que si será un magnífico detective, tan bueno por lo menos como mi tío Agustín!

¿Y sabes otra cosa más, querido diario? Que me da que también a mí me está flipando un pelín el recogecartones. Pero esto que quede entre tú y yo, ¿vale? Secreto total. Y ahora sí que corto y cierro. Hasta mañana a las once, en la plaza de la Constitución. ¡Que nadie me falte!)

14

LA PLAZA DEL MARRO

18 de mayo (martes)

¡Ha sido como..., como un torneo medieval, no, como unas olimpiadas! ¡La fiesta de las fiestas, el acontecimiento de los acontecimientos! Yo no sé cómo será el pimpampún del jueves ni el correcalles del sábado, pero el marro de esta mañana ha sido triunfal.

La plaza entera a tope de gente, la gran fiesta de la alegría, ¡eso es justamente: la gran Fiesta de la Alegría, de la Alegría con mayúscula! Si yo fuera periodista titularía así mi crónica: «La plaza de la Constitución se convirtió en la plaza de la Alegría». O si no:

«La plaza de la Constitución se convierte en la plaza del Juego». («Juego» también con mayúscula, claro.)

¿Quieres saber, querido di, qué hemos discutido esta tarde en clase, después del juego del marro de la mañana? Que si proponíamos al Ayuntamiento cambiar el nombre de la plaza por el de plaza del Marro.

Había quienes decían que la Constitución es una cosa muy importante y no hay que tocarla, y había otros —bueno, solo uno y una foto: don Fructuoso y la foto de Francesco Tonucci, que ha hablado también por boca de don Fructuoso— que han dicho que jugar es más importante que «constitucionear». Lo de «constitucionear» lo ha dicho el propio profe de Lengua a la plancha, con lo que Pachi Gordo ha tenido que morderse la ídem y no replicar con que eso no era «hablar con propiedad». Seguro que ganas no le han faltado.

Pero cambiándole o no cambiándole de nombre, el caso es que esta mañana, a las once en punto, la plaza de la Constitución se ha convertido en la plaza del Marro.

Veinticinco participantes en cada bando, cincuenta en total. Y la plaza, como antes dije, abarrotada de público. Y las ventanas y balcones de la plaza, a reventar de gente. Y entre toda la gente, como invitados superespeciales, Genarro Marro y su tío Nicolás. ¡Lo que nos ha costado a todos mantener en secreto la organización del juego para que no se enterase Genarro Marro, con lo metido que anda en otras actividades de la Gran Semana de la Calle! Pero lo hemos conseguido. Anoche, cuando terminamos la pegada de carteles, le recordamos que tenía que estar hoy a las once en la plaza de la Constitución con su tío.

—¿Y para qué? —preguntó él.

—Vamos a hacer un ensayo del correcalles del sábado —se inventó Aldonza Peonza (que no se separa de su lado, todo sea dicho, parece su sombra).

—¿Y para eso tiene que ir mi tío?

Ahí sí que no supimos qué responder. Hasta que saltó de nuevo Aldonza:

—Le invitó el otro día don Fructuoso, ¿o es que no te acuerdas?

(Cada vez que la chica checa habla con Genarro se le salen los ojos de las órbitas, alguna vez se le van a caer al suelo y se los va a pisar. ¿Y si escribo yo esto porque también a mí Genarro Marro...? ¡Y qué!, ¿pasa algo porque también a mí me mole el recogecartones, eh?

¡Corta la perorata, Renata, que estabas contando lo del marro!)

Pues eso: que habíamos preparado una pequeña tribuna en un lateral de la plaza, justo al lado de Correos —¡donde trabaja mi papá!—, y allí que hemos colocado a Genarro Marro y a su tío Nicolás. ¡No veáis qué cara de susto llevaban los dos cuando don Fructuoso y mi prima Casilda los han hecho subir al podium, más parecía que subían al patíbulo!

Ambos equipos estaban ya en sus respectivas *barreras* y el caraocruz había determinado que pidiese *marro* el bando capitaneado por mi primo Rafa, el pecoso. (El capitán del otro bando —bueno, capitana— era mi amiga Loles, que no lo he dicho.)

Sale de su *barrera* Jorgito Castillo, un chaval diminuto pero rápido como un ratón, se

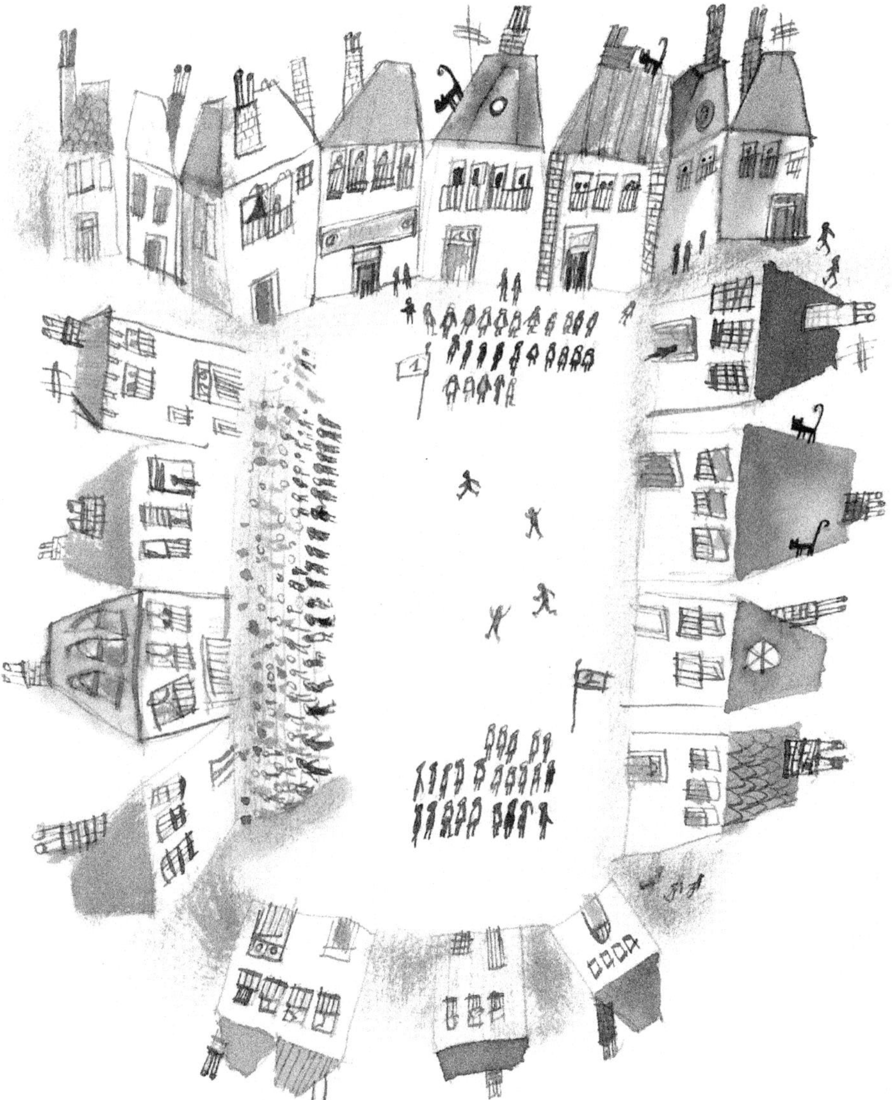
1

planta en el *coto* contrario y reta en voz alta a Sinfín. La plaza entera se queda en silencio. Sale Sinfín disparado a por Jorge Castillo, y al momento sale a por Sinfín Carlota Diéguez, que a su vez es perseguida inmediatamente por Ovidio *Mapamundi*. Ya está el marro en danza, la rueda de persecuciones crece por momentos, el público comienza a jalear y se oye de pronto, en medio del barullo, el primer *¡marro muerto!* de la mañana. Todos se detienen, ya hay un prisionero, Carlota Diéguez. La llevan a la *barrera* enemiga, pega ella un salto a pie juntillas desde la raya y allá donde cae se planta, estirando los brazos en cruz, a la espera de ser liberada por los suyos. Es el primer eslabón de la cadena de prisioneros. El segundo será, en el bando contrario, el petardo de Casimiro Calleja (el Ca-Ca). Y así hasta que un bando consigue diez rehenes. Que me parece que ha sido el de mi primo Rafa, no me acuerdo ahora bien del todo.

Pero de lo que sí me acuerdo —y se acordará la ciudad entera, quedará en los periódicos y en la «memoria colectiva» de la gente, como ha dicho el redicho de Pachi Gordo— es de la segunda y apoteósica partida de marro de la mañana, la que ha capitaneado Genarro en una *barrera* y su tío Nicolás en la contraria. Si todavía no habían salido ambos de su asombro, subidos en el podium presidiendo el primer juego, imagínate tú, querido diario, la cara de alucine que se les ha puesto al oír por megafonía que iban a ser ahora ellos los capitanes de sendos bandos.

(Me tomo un respiro y continúo. *Stop. Capicúa*, el perro peludo de Ovidio *Mapamundi*, sigue sin aparecer. *Stop*. Mapamundi sigue sin darle mayor importancia, dice que ya sabrá montárselo solo. Pasa de perro. *Stop*. ¿Y si le diera el hipo a Sinfín para adivinar dónde se mete el chucho? ¡Es que a mí me ha caído de bien...!)

15

¡HEMOS RECONQUISTADO LA CALLE!

Sigue el gran día 18 (martes)

¡Que se me caigan las dos orejas al suelo si Aldoncita Peoncita no está dispuesta a lo que sea para atrapar al recogecartones! ¿Pero tú sabes lo que ha hecho en la segunda partida de marro de esta mañana, querido diario?

Lo cuento desde el principio para que te enteres mejor: el segundo marro de la mañana, el verdaderamente importante, ha sido capitaneado, como ya he dicho, por Genarro Marro en uno de los bandos y por su tío Nicolás en el otro. ¡Dos capitanes de lujo! En el bando de Genarro estábamos Loles, Sinfín,

Cris, Pachi Gordo y yo. Y en el de don Nicolás estaban mi primo Rafa, Ovidio *Mapamundi*, Casilda y Aldonza Peonza, la chica checa.

A Aldonza Peonza, al echar a suertes, le había tocado en el otro bando, pero ella ha pedido —¿y conseguido?, menuda es— cambiarse al de don Nicolás.

¿Qué te extraña? ¿Qué resulta contradictorio que abandonara a su adorado Genarro para pasarse al bando enemigo? Solo en apariencia, querido di, solo en apariencia. Aldoncita Peoncita hila fino filipino y si se ha cambiado de bando ha sido precisamente para poder perseguir y tocar (to-car, eso he dicho) a su idolatrado recogecartones.

Lo que no se imaginaba la chica checa, ya ves, es que Genarro Marro corre como un guepardo, y no se ha dejado tocar ni apresar, ni por Aldonza ni por nadie, en toda la santa mañana. ¡A dos velas se ha quedado la pobre!

Pero la partida de marro ha sido apoteósica, eso sí. Y el entusiasmo del público, que abarrotaba las aceras y las ventanas y balcones, desbordante. Igual que en un partido de final de liga, igualito igualito. ¡Si yo pudiera meter aquí los gritos y aplausos...! (Mi profe de Lengua guisada dice que un buen escritor transmite emociones, ya, lo intentaré.)

Los dos protagonistas de la mañana han sido mi primo Rafa, el pecoso, y el gran Genarro Marro. También don Nicolás ha despertado el entusiasmo del público, cada vez que salía a perseguir a alguien la plaza entera estallaba en aplausos. ¡Y no te digo nada cuando ha logrado rescatar la cadena de prisioneros, eso ha sido la locura!

Bueno, la locura, la locura, lo que se dice la auténtica locura y frenesí del público se producía cada vez que salían al terreno de juego mi primo Rafa o Genarro Marro. Las carreras de cualquiera de los dos, persiguiendo o siendo perseguidos, provocaban más alboroto que las carreras de los campeones olímpicos. ¡Hay que ver cómo corren los dos, como el mismísimo pensamiento!

Por eso, el momento cumbre de la mañana ha sido cuando va mi primo Rafa y reta a Genarro Marro. Te lo cuento con pelos y señales, ¿vale?

Había *marro muerto* y ambos equipos estaban en sus respectivas *barreras*. La plaza entera, a la expectativa. De pronto, sale de su campo mi primo Rafa, se encamina con paso resuelto y altanero al *coto* enemigo y grita:

—Pido *marro* contra..., ¡contra Genarro!

«¡Bien!», grita la plaza entera. Y los cien mil ojos del público —yo calculo que había 50.000 espectadores, cinco arriba, cinco abajo— se disponen, sin pestañear, a presenciar el duelo más veloz de la historia del mundo.

Sale disparado, en efecto, Genarro Marro en persecución de mi primo Rafa, y Rafa aguanta la acometida, tan chulo él, hasta que tiene a Genarro a no más de tres zancadas.

Echa a correr en ese instante el pecoso y tras él, pegado a sus talones, el recogecartones. El público comienza a calentarse, a gritar, a jalear y vitorear a uno y a otro. La emoción alcanza la cumbre cada vez que Genarro Marro está a punto de atrapar a Rafa pero este, con un quiebro increíble, burla a su perseguidor.

—¡Huuuy! —grita la plaza.

Y la carrera sigue: vueltas, revueltas, fintas, giros, cuarteos, amagos, parones, arrancadas súbitas...

El resto de ambos equipos, tan embobados como el público, sigue las evoluciones de los campeones sin pestañear y sin decidirse nadie a pedir *marro* contra otro.

Todo el campo es de Rafa, el pecoso, y de Genarro Marro, y nadie se atreve a estropear el espectáculo.

¡Pero atención, la suerte cambia de repente! Rafa, que pasa ahora junto a su *barrera,* se mete en ella de un salto, vuelve a salir y se convierte así de perseguido en perseguidor.

Es ahora el recogecartones quien huye como alma que lleva el diablo para no ser atrapado por el pecoso. La tensión del público vuelve a subir a mil. Si Genarro Marro era pura dinamita cuando perseguía, ni te cuento, querido di, ahora que es perseguido. Qué nervio, qué flexibilidad, qué elegancia en los quiebros y recortes. ¡Y todo sin quitarse la sonrisa de los labios, que se me caigan las dos orejas al suelo si exagero ni tanto así, una auténtica exhibición, la maravilla de las maravillas!

¿Tengo que decir que la plaza entera estaba al rojo vivo? ¿Tengo que decir que aquello era el delirio? ¿Tengo que decir... quién ha ganado? No, no tengo que decirlo ni voy a decirlo. ¡Han ganado los dos, ha ganado el marro, ha ganado el juego en la calle, hemos ganado todos!

Como ha dicho Pachi Gordo, hablando «con propiedad»: «Hemos reconquistado la calle, como los cruzados reconquistaron los Santos Lugares». (¡Anda que no es *rebuscao* ni rollero, el tío!)

16

¡AY, LOS POLÍTICOS...!

19 de mayo

Lo que sí voy a decir ahora mismo, antes de seguir con la Gran Semana de la Calle, es cómo se las arregló Genarro Marro para conseguir que en el desfile del próximo sábado participen todos los concejales del Ayuntamiento sin dejar uno.

(¿Es que ya no sabes hablar más que de Genarro Marro? ¿Y eres tú quien critica a Aldonza Peonza, que si está chifladita por el «cartones» o deja de estarlo? ¿Y tú qué?)

¿Yo? Yo solo cuento lo que pasa, querido di, yo no tengo culpa de que el fantástico

Genarro Marro, bueno, de que Genarro Marro a secas fuera el protagonista de la partida de marro de ayer y sea también quien haya conseguido que el Ayuntamiento en pleno participe en la Marcha Mundial del sábado. Así son las cosas y así las cuento.

El caso es que Genarro Marro, haciendo gala de sus dotes de detective y de las lecciones que le diera en su día, si te acuerdas, mi tío Agustín, se las ha ingeniado para seguir la pista a los «jefes» de los dos partidos políticos de la oposición en el Ayuntamiento y los ha convencido para que desfilen el sábado con todos sus concejales.

Los del partido A (no pongo nombres para no despertar sospechas) se reúnen en la cafetería Amazonía y allí se hizo el encontradizo con ellos Genarro Marro. Los del partido B se reúnen en el bar Capricho's, y allí que se presentó también nuestro... negociador.

Y en ambos lugares y con sendos partidos políticos, A y B, mantuvo la misma conversación (la misma «ladina» conversación, según Pachi Gordo), parecida, además, a la que en su día mantuviera con el señor alcalde:

—Buenas tardes, señores. Perdonen que les interrumpa y me atreva a molestarles, pero es que vengo a hablarles de algo muy importante.

Los políticos le prestaban atención, tanto por los buenos modales de Genarro como porque suelen presumir de atender a la infancia por encima de todo.

Y Genarro Marro aprovechaba la ocasión para explicarles la importancia de la Marcha Internacional del sábado, y la importancia y realce que daría al desfile por las calles de la ciudad su presencia y participación activa en la misma.

—¿Nuestra participación... activa? —preguntaban entonces los políticos, un tanto moscas.

—Activa quiere decir... —y el recogecartones les explicaba con mucho sigilo cómo iba a ser exactamente el correcalles.

Abrían los políticos unos ojos desmesurados, se miraban unos a otros y Genarro Marro remachaba el clavo:

—Sí, sí, ya comprendo que es una manera a lo mejor un poco..., un poco ridícula para un concejal, y por eso mismo no nos hemos atrevido a proponérselo a los otros partidos políticos, pero como hemos pensado y sabemos que ustedes nunca se echan atrás cuando se trata de una causa noble como esta...

—¡Por supuesto! —saltaba en ese punto el «jefe» del partido—. Cuando se trata de una marcha en pro de la infancia y contra la explotación laboral de la misma, no hay maneras ridículas de desfilar, de qué. ¿Ridícula? ¡Nunca se nos hubiera ocurrido una forma más original y simpática, muchacho, cuenta con nosotros el sábado! Pero... eso sí: seguramente los otros dos partidos políticos, el del alcalde y el otro, no pensarán igual. Ellos no se rebajan a ciertas actitudes, los conocemos muy bien. Por eso será mejor que ni se lo propongáis, ¿vale?

Total: que los tres grupos políticos que componen el Ayuntamiento van a participar «activamente» en el correcalles del próximo sábado, creyendo además cada uno que lo hace en exclusiva, él solito. ¡Todo un éxito del diplomático Genarro Marro!, ¿a que sí?

¿Qué de dónde ha sacado ese piquito de oro y ese rollo pimpollo él, que era casi, casi como el enanito mudito de Blancanieves cuando comenzó a venir a nuestra clase de Lengua estofada? De leer poesías, querido di. Al principio le encantaba escucharlas cuando nosotros las leíamos, pero luego ha cogido tal afición que hasta se las aprende de memorieta. ¡Qué sé yo la de poesías que sabe!

Corto y cierro. Mañana es el día del pim-pampún. Mañana —para que luego no hables, querido diario— los protagonistas principales serán Aldonza Peonza, mi amiguísima Loles, mi primo Rafa y su amigo Ovidio *Mapamundi*. (Por cierto: su perro *Capicúa* sigue sin aparecer. Aunque a él parece que le da igual, yo ya estoy preparada para preguntarle por el chucho al «adivino» Sinfín en cuanto le dé el hipo. También le preguntaré... Bueno, mejor me callo.)

17

¡Guerra a la guerra!

20 de mayo

¿Sabes qué? Que la fiesta del pimpampún, querido di, ha sido la que más tiempo nos ha llevado preparar. Más que el marro y más que el desfile de la Marcha Mundial por las calles de la ciudad.

Desde que decidimos que formara parte del programa de la Gran Semana de la Calle —que fue cuando leímos los reportajes de los niños soldados—, toda la clase de Lengua al ajillo de don Fructuoso nos pusimos a fabricar un ejército de monigotes. Treinta y tres monigotes vestidos de militares, tantos como alumnos somos. Cada uno ha hecho su propio «monigote-soldado». O su propio «monstruo-soldado», cada cual lo llama de una forma. Son figuras de tamaño natural, con uniforme y gorra militar, pero con cara de monstruo repugnante. Uno le ha puesto a su monigote soldado cara de rata, otro de lagarto, otro de sapo, otro de serpiente venenosa, otro de cucaracha, otro de dragón lanzallamas, y así todos. Yo al mío le he puesto cara de buitre carroñero y Aldonza Peonza, la chica checa, de *Tiranosaurus rex*. El muñeco de Aldonza Peonza es el que más miedo y más asco daba, esa es la purísima verdad. ¡Pues anda que el de mi amiga Loles! Ridículo requeterridículo, la gente se partía de risa. Es que verás: era todo un general, con la casaca llena de medallas, que no cabía ni una más, con la cara de tarántula asquerosa y abajo..., ¡una faldita con volantes y las piernas peludas!

Los muñecos podían ser de madera o de cartón, allá cada uno. ¿Quieres saber con qué he hecho yo el mío? Con un gran cartón de embalaje que me dio el recogecartones

(¡ya salió otra vez, es que está en todo, qué quieres que yo le haga!). A lo mejor también ha regalado Genarro cartones a más gente de la clase, por ejemplo a doña Aldoncita pegajoncita, pero por si acaso no he querido indagar ni averiguar nada, prefiero pensar que he sido solo yo la escogida.

El caso es que esta mañana, como estaba previsto, cada uno ha llevado su muñecón a la plaza de las Batallas —no me digas que no hemos escogido bien el sitio— y allí se ha ido formando, bien formado, el ejército de mamarrachos. Tres hileras de once siluetas cada hilera, total, treinta y tres. Por megafonía sonaba un himno militar, para dar ambiente, pero salpicada la música con proclamas contra la guerra y el reclutamiento de niños soldado. Las frases las habían grabado mi amiga Loles y Aldonza Peonza, las dos encargadas y directoras del pimpampún. Y ellas son las que han dirigido también el cachondeo durante todo el día de hoy.

¿Qué por qué lo llamo cachondeo? Porque no tiene otro nombre, querido diario, que se me caigan las dos orejas al suelo si la ciudad recuerda haberse divertido y cachondeado tanto como hoy en qué sé yo los años atrás, ¿cincuenta?, ¿cien años? Chicos y grandes, no te pienses, todos.

El *chou* consistía en disparar pelotas de goma contra el ejército de monigotes y derribar cuantos más, mejor. Por cada monigote-soldado abatido conseguías un punto y podías estar disparando pelotas de goma todo el tiempo que te diera la real gana. Ciudadanos ha habido que se han tirado horas y horas. ¿Sabes quién? Don Ibrahim, el padre de Aldonza Peonza, que se ha pasado seis horas disparando pelotas y ha derribado 185 monigotes. ¿Sabes quién? Don Germán, el padre de mi amiguísima Loles, que se ha tirado cinco horas y ha conseguido 139 derribos. ¿Sabes quién? ¡Mi papá don Manolo, que ha aguantado cuatro horas y media, ha abatido 110 siluetas y al final ha caído él mismo abatido de puro agotamiento, el pobrecillo!

Pachi Gordo, Casilda, Milagritos y yo éramos los encargados de apuntar los tanteos conseguidos por cada participante, que te

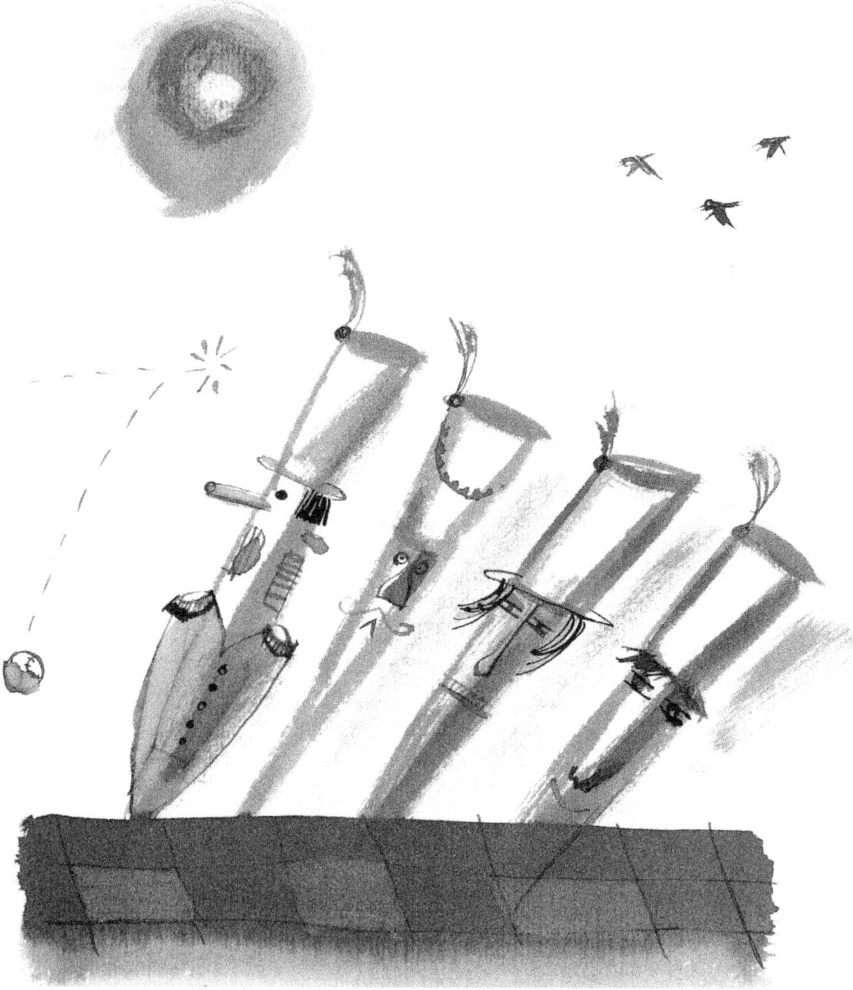

aseguro que no dábamos abasto; y Casimiro Calleja el Ca-Ca, Ovidio *Mapamundi*, Sinfín y Genarro Marro eran los que ponían de pie los monigotes que iba derribando la gente. ¡Qué juerga con ellos! ¿Sabes por qué? Porque la gente no dejaba de lanzar pelotas de goma en todo el tiempo, y muchas pelotas les daban a ellos en lugar de a los muñecones. Yo creo que había algunos tiradores que apuntaban más a los recogemonigotes que a los monigotes, fíjate si te digo, sobre todo al gordísimo «mapamundi» de Ovidio *Mapamundi*, ¡menudo blanco!

Pero el que más monigotes ha derribado y el que más puntos ha conseguido ha sido mi primo Rafa, el pecoso. Está visto que no hay como ser de pueblo para tener puntería fina, mi primo Rafa no falla ni una, mi primo Rafa ha tumbado 197 muñecos, doce más que el padre de Aldonza Peonza.

(¿Sabes cuántos he tumbado yo? Bueno, me los callo, lo que no me callo ni me da la gana callarme es que he apuntado y disparado más al pedorro del Ca-Ca que a las siluetas. ¡Y dos veces le he dado en todo el careto!

¿Y Aldoncita Peoncita, qué? ¡Pues Aldoncita Peoncita lanzándole pelotitas al recogecartones y diciéndole a su inseparable Casilda, por lo bajini, que eran «dardos de su corazón», ya ves tú qué supercursiladas se le ocurren! ¡Huuuuy...!)

18

La Gran Marcha Mundial

21 de mayo

Perdona este pequeño desahogo, querido di, pero yo se lo tengo que preguntar, no sé cómo pero se lo pregunto, anda que no, tengo que salir de la duda como sea. En cuanto le dé el hipo a Sinfín voy y le pregunto por quién está Genarro Marro, si por la chica checa o por mí.

Tengo que pensar la forma de preguntárselo sin que se entere exactamente de lo que le pregunto, que pueda adivinarlo sin saber qué es lo que adivina, ¡muy complicado, ya lo sé!, pero lo intentaré.

Porque, ¿sabes una cosa? Que Aldonza Peonza no ceja en el acoso —¡ya hablo como Pachi Gordo!—, eso lo ven hasta los ciegos de la ONCE, pero yo no estoy ciega y me estoy dando cuenta de que hay ciertos... indicios de que a Genarro Marro le hago tilín. Yo, no ella. Ella procura ponerse siempre junto a Genarro, pero Genarro procura ponerse junto a mí. Al menos en los últimos días se ha puesto en clase junto a mí. Y cuando don Fructuoso nos ha mandado leer poemas en voz alta, que lo hace porque a Genarro Marro le chuta un montón leer poesías, Genarro me ha dicho que la que más le gusta leyendo versos soy yo. Así de claro. Así de «categórico», como diría Pachi Gordo.

¿He mencionado el hipo de Sinfín? ¡La de cosas que tiene preparadas la gente para que se las acierte en cuanto le dé el hipo! No va a dar abasto, el pobre. Ovidio *Mapamundi* le preguntará que dónde se ha metido su perro *Capicúa*. Mi prima Casilda quiere saber hasta cuándo va a llevar el corrector de los dientes. Pachi Gordo que si será o no será novelista, que es lo que quiere ser de mayor. El mismo Genarro Marro tiene una pregunta importantísima que hacerle: que si en el cole van a admitir a cinco amigos suyos al mismo tiempo que a él.

¿Te he comentado ya esta propuesta de Genarro, querido di? ¿No? Ya sabes que lo que pretendemos es que Genarro Marro deje de recoger cartones y venga al cole el próximo curso. Y que, para eso, su tío don Nicolás sea el portero del cole y tengan así los dos un modo de vida. Eso ya te lo he contado hace un montón de páginas.

Pues bien: Genarro y su tío aceptan el plan siempre y cuando otros cinco chicos que están en parecida situación a la de Genarro sean también admitidos en el cole. Son compañeros suyos de la calle; para entendernos, colegas en ganarse la vida sea como sea. Dos venden pañuelos de papel y periódicos en los semáforos, uno rebusca en el basurero municipal, otro saca entradas por encargo para los partidos de fútbol y el quinto no me acuerdo ahora lo que hace, ah, sí, limpia los parabrisas de los coches.

Genarro Marro ha dicho que o todos o ninguno. Veremos ahora lo que dice el hipo de Sinfín.

Para lo que no hay que ser adivino, querido diario, es para vaticinar (palabra «pachigordera») que mañana llega por fin a nuestra ciudad la Marcha Mundial contra la Explotación Laboral de la Infancia y estamos todos en ascuas. ¡Mañana es el gran día, mañana sábado cerraremos con broche de oro la Gran Semana de la Calle!

Toda la ciudad está alerta, hay carteles por todas las esquinas, el alcalde ha sacado un bando convocando a todos los ciudadanos, los periódicos y las emisoras no hablan de otra cosa. Mi cole va a participar desde el primero al último alumno y profesor y todos nos hemos comprometido a arrastrar a cuantos podamos. De mi familia van a tomar parte en el desfile mi papá don Manolo, mi mamá Maribel, mi hermanito Columpio, mi tío Agustín, el detective privado, mi tía Cati y hasta mi tía Chon, mi primo Rafa, el pecoso, y mi bisabuelo Quintón, que han venido todos del pueblo para tan gran acontecimiento.

La única que no va a participar voy a ser yo. Pero lo va a hacer en mi lugar la gran Pipa, la aventurera e invencible Pipa, ¿te acuerdas de ella? Esto es un secreto que solo a ti te he revelado, querido di, así es que ojito con irte de la lengua. Es que verás: mis amigos y yo hemos acordado desfilar mañana disfrazados, pero no se lo hemos dicho a nadie. Va a ser una sorpresa.

Yo ya tengo preparado mi peto de generala, mis botas de montar, mi espada de madera y mi casco de papel de periódico. ¿Qué quién va a hacer de mi perrito Pipo? Me gustaría mogollón que fuera *Capicúa*, el perro de Ovidio *Mapamundi*, pero como sigue perdido, el muy bandolero...

¡Solo faltan horas, huy qué nervios, la llegada y desfile de la Marcha Mundial por mi ciudad va a ser el más extraordinario de cuantos desfiles ha hecho la Marcha en las nosecuantas ciudades de todo el mundo que lleva recorridas y las que aún le faltan por recorrer! ¡Estoy requeteconvencida, que se me caigan las dos orejas al suelo si me paso ni tanto así!

19

EL CORRECALLES

23 de mayo

¡Mira las fotos, querido di, mira atentamente las fotos del periódico! ¡De morirse de risa!, ¿a que sí? Este al que han pillado saltando es el alcalde, el mismísimo señor alcalde, un poco patoso, el pobre, tú no me digas, si más que saltar parece que se ha abierto de piernas para hacer sus necesidades. (¡Huy lo que he dicho, perdón!) Y el que hace de *burro* del alcalde, ¿quién dirás que es? ¡Un concejal de la oposición! Porque al final se han mezclado todos, ¿sabes?, todos revueltos, los veintitantos concejales del muy ilustre Ayuntamiento jugando al correcalles en perfecta armonía, haciendo de *burros* o de saltarines, según les tocase, sin rechistar y sin reñir como en los plenos del Ayuntamiento; al revés, riéndose y disfrutando juntos como amigos.

Porque esta era la manera... especial que habíamos propuesto a los organizadores de la Marcha para hacer la entrada en nuestra ciudad: jugando al correcalles. ¿No es acaso una Marcha para protestar por la explotación laboral de la infancia en el mundo? ¿Para protestar por los trescientos millones de niños que tienen que trabajar en lugar de jugar? ¡Pues qué mejor manera de protestar que jugando!

Don Fructuoso y todos sus alumnos de Lengua estofada pedimos y conseguimos, si te acuerdas, que la entrada de la Marcha Mundial en nuestra ciudad se hiciera así: en forma de un gigantesco correcalles en el que participase todo el que quisiera participar. Ah, bueno, verás: los carteles que pegamos para anunciar la llegada de la Marcha representaban precisamente un correcalles sacado de un famoso cuadro de un pintor del año catapún (luego lo miro y lo pongo).

Pues bien: toda la ciudad tomó parte ayer, día 22, en el correcalles, fue algo indescriptible. ¡Hasta el mismísimo cielo colaboró con un azul intenso y un sol de mayo que daba gloria, como dice mi tía Chon!

Porque también vinieron del pueblo mi tía Chon y mi bisabuelo Quintín (que en el pueblo le llaman Quintón porque es más grande que un castillo), y también estuvieron mi tía Cati, y mi tío Agustín, el detective privado, y don Nicolás, el tío de Genarro Marro, y el padre de Loles, y el padre y la madre de Aldonza Peonza, la chica checa, y los padres de Sinfín, y los de Pachi Gordo, y los de Casilda, ¡bueno, los padres, madres, hermanos y familia entera de toda la clase de Lengua al ajillo y de todo el cole! ¡Y hasta mi hermanín Columpio, sí señor, más rico que rico él! Mi hermanín Columpio iba a hombros de mi papá don Manolo y no veas las tretas de mi padre para que también el pequeñín participase en el correcalles. Cuando a mi papá le tocaba hacer de *burro*, mi hermano Columpio se colocaba debajo de mi papá: mi padre doblado por la cintura, ¿no?, y mi hermanito doblado debajo de mi padre, era una gozada verlos. Y cuando les tocaba saltar, mi papá pasaba al peque en volandas por encima de cada *burro* y luego saltaba él.

Bueno, te estoy hablando de *burros* y de saltos porque supongo, querido di, que sabes de sobra de qué va la cosa, ¿no?, el correcalles quiero decir: cada participante salta por encima de todos los *burros* (que están doblados por la cintura) y cuando ya ha saltado toda la fila se coloca él de *burro* unos pasos más adelante. Y así va avanzando la cadena.

El correcalles de la Marcha Mundial de ayer sábado lo componían treinta cadenas diferentes y llegó a la Plaza Mayor a las doce y media del mediodía. La primera cadena que llegó fue en la que iban el alcalde y los concejales. Todos revueltos, me parece que ya lo he dicho antes. Al comienzo del correcalles no, al recibir oficialmente la Marcha en la avenida de Europa y empezar a organi-

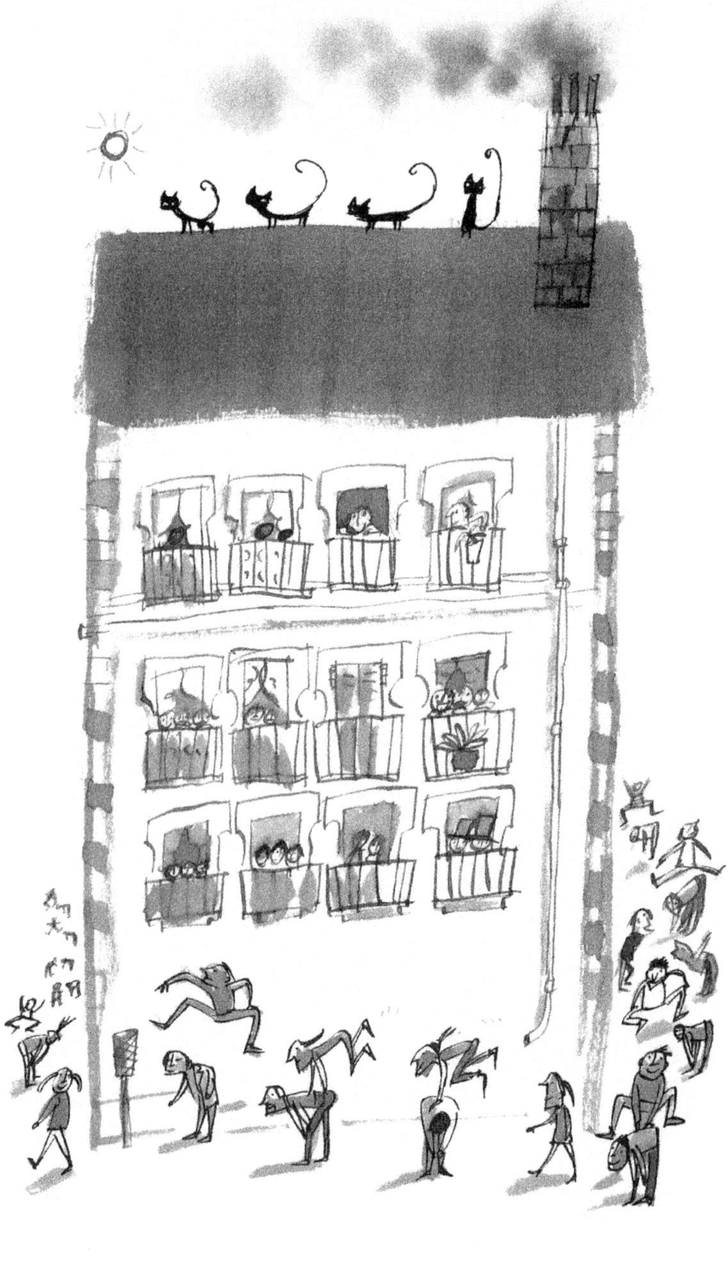

zarse el correcalles, cada uno de los tres grupos políticos marchaba por separado y a su bola. ¡Y además con una sorpresa y un mosqueo de alucine al comprobar que no eran ellos los únicos en desfilar como les había hecho creer el gran Genarro Marro! Pero conforme iba avanzando el correcalles y la ciudad entera era ya una fiesta, todos se fueron mezclando y al final los de la izquierda, la derecha y el centro «se pusieron de acuerdo y bailaron, por fin, al mismo son», como dijo muy bien dicho el padre de mi amiga Loles.

Pero ahora escucha bien esto, querido di: cuando la Marcha Mundial y el correcalles al completo llegaron a la Plaza Mayor, ocurrió algo insólito. Algo que no aparece en los periódicos y que por eso voy a recoger yo aquí:

Ya había dado el alcalde la bienvenida oficial a la Marcha Mundial desde el balcón del Ayuntamiento. Ya había respondido al discurso del alcalde el presidente de la Marcha Mundial, un señor de Pakistán con un turbante en la cabeza. Ya había presentado el alcalde a los dos representantes de la ciudad que se iban a incorporar a la Marcha para llegar hasta Ginebra: Casilda Hermosillo y Aldonza Peonza, la chica checa. Ya estaba terminando prácticamente la solemne ceremonia, cuando...

(Antes de seguir: el cartel anunciador de la llegada de la Marcha Mundial a nuestra ciudad es un correcalles sacado de un cuadro que se titula *Juego de niños* y que lo pintó Pieter Brueghel hace quinientos años. Había prometido ponerlo, ¿no?)

20

EL SUSTO DEL PERRO *CAPICÚA*

23 de mayo (continuación)

La ceremonia estaba a punto de terminar. La Marcha Mundial contra la Explotación Laboral de la Infancia había llegado a la Plaza Mayor y ya habían concluido los discursos y bienvenidas.

De pronto, así porque sí, justo al terminar una larga ovación del público, sonó en medio del momentáneo silencio un agudo «¡hip!» que nos sobrecogió el corazón. ¡A Sinfín le acababa de dar el hipo!

Todos mis amigos y yo, la clase entera de Lengua encebollada de don Fructuoso, lo rodeamos en un santiamén dispuestos a que nos adivinase algo de nuestro futuro.

Era mi ocasión de saber si Genarro Marro estaba por mí o por la chica checa. Pero también era la ocasión de saber cuándo le iban a quitar a Casilda el aparato de la boca; y de saber si el Consejo escolar admitiría a Genarro Marro y a sus cinco amigos callejeros el próximo curso; y de saber dónde diablos andaba metido el perro de Ovidio *Mapamundi*...

¡Ay, el perro de Ovidio *Mapamundi*! Él fue el culpable de que el bueno de Sinfín no pudiera adivinar nada de lo que tenía que adivinar. Ni una sola de las cuestiones. Porque justo cuando andábamos todos preguntándole, en medio del guirigay general, hete aquí que se oyen unos ladridos y aparece de repente en medio del corro, lanzándose como un rayo sobre su dueño, el perro *Capicúa*. Fue tal el susto que nos pegamos todos, y más que nadie el «adivino» Sinfín, que se le cortó el hipo de golpe y porrazo y ya no hubo nada que hacer. Nuestro gozo en un pozo. Seguimos y seguiremos todos con nuestras dudas e interrogantes.

Y mientras esto escribo, querido di, la Marcha Mundial ha partido ya hacia Madrid y luego hacia Ginebra, y con la Marcha se han ido (como estaba previsto) mi prima Casilda y Aldonza Peonza, la chica checa. Nos han prometido escribirnos postales desde todos los lugares por los que vayan pasando.

Casilda, al despedirnos, me ha pedido que no me olvide de lo de su corrector de los dientes si vuelve a darle el hipo a Sinfín. También Aldonza y yo nos hemos mirado y nos hemos sonreído con una cierta complicidad. «¿Se lo preguntarás?», me ha preguntado ella con el pensamiento. «Se lo preguntaré», le he respondido yo también con el pensamiento. «¿Sin trampas?», ha insistido ella con los ojos. «Sin trampas», le he contestado yo con los ojos.

Pero lo que de verdad nos gustaría a todos que adivinase Serafín López, alias Sinfín, la próxima vez que vuelva a darle un ataque de hipo —que ojalá sea pronto—, son cosas mucho más importantes:

Por ejemplo, si un día cercano va a terminar para siempre la explotación de los niños para que, en lugar de trabajar, puedan jugar como les corresponde.

Por ejemplo, si un día cercano van a dejar los niños de hacer de soldados en las guerras, e incluso —todavía mucho mejor— si van a terminarse las guerras para siempre.

Por ejemplo, si ya no va a haber más «niños de la calle» en el mundo y, por el contrario, la calle va a volver a ser de los niños, como lo ha sido durante nuestra recién terminada Gran Semana de la Calle.

Estas cosas son las que le hemos dicho y recalcado al bueno de Sinfín que tiene que vaticinar en cuanto le dé el hipo.

Y las demás cosas, las particulares de cada uno, hemos convenido entre todos que se resuman ni más ni menos que en un...

21

ETCÉTERA, ETCÉTERA, ETCÉTERA

Eso es. Es un simple «etcétera, etcétera, etcétera». ¿Que si Pachi Gordo será o no será novelista? Otro etcétera.

¿Que si Genarro Marro va por Aldonza Peonza, la chica checa, o va por mí? Otro etcétera (¡aunque muy importante, que conste!).

¿Que si Genarro Marro y sus cinco colegas «de la calle» serán admitidos en nuestro cole y dejarán de recoger cartones, limpiar parabrisas, vender pañuelos de papel en los semáforos o rebuscar basureros? ¡Pues mira por dónde eso ya no es un etcétera que Sinfín tenga que adivinar, porque los seis ya han sido admitidos y se matricularán para el próximo curso, hoy mismo hemos sabido la noticia!

(¿Pero tú sabes, querido diario, quién ha conseguido semejante triunfo? ¡Quién había de ser: la simpar heroína Pipa y su intrépido perrito Pipo, y que se me caigan las dos orejas al suelo si me lo invento!)

Yo no me invento nada: este es, y aquí termina, el diario que comencé a escribir el 29 de abril, y en el que he contado, como prometí, todo lo que organizamos... No, lo que organizamos no, lo que tra-ma-mos don Fructuoso y sus alumnos de Lengua rebozada desde aquel ya lejano día hasta el día en que llegó a nuestra ciudad la Marcha Mundial contra la Explotación Laboral de la Infancia.

Y toda esta historia comenzó, por si alguien no lo recuerda, cuando mi amiguísima Loles —¡siempre la más MUY!—, después de habernos explicado don Fructuoso que en el mundo hay trescientos millones de niños que trabajan en lugar de ir a la escuela y en lugar de jugar, se levantó de su asiento y gritó, con la mirada iluminada:

—¡Se acabó!

Índice

Prólogo	7
1. Diario de Genarro Marro	9
2. El recogecartones	15
3. Casilda, Aldonza Peonza y la Marcha Mundial	21
4. Sinfín el adivino	27
5. El álbum del Ca-Ca	33
6. Pipa y Pipo	41
7. La chica checa	47
8. Descalzo y sin jugar al fútbol	53
9. La Gran Semana de la Calle	59
10. Pipa y Pipo en la fábrica de alfombras	65

11. El detective Genarro Marro
    entra en acción 73
12. El perro *Capicúa* 81
13. ¡El más MUY! 87
14. La plaza del Marro 93
15. ¡Hemos reconquistado la calle! 101
16. ¡Ay, los políticos...! 107
17. ¡Guerra a la guerra! 113
18. La Gran Marcha Mundial 121
19. El correcalles 127
20. El susto del perro *Capicúa* 135
21. Etcétera, etcétera, etcétera 139

Vocabulario

ancho: que tiene más o menos anchura.

ángel: en la tradición cristiana, espíritu celeste criado por Dios para su ministerio.

ayuntamiento: corporación compuesta de un alcalde y varios concejales para la administración de los intereses de un municipio.

balón: pelota grande, usada en juegos o con fines terapéuticos.

basura: residuos desechados y otros desperdicios.

bizco: persona que padece de estrabismo.

canguro: persona, generalmente joven, que se encarga de atender a niños pequeños en ausencia corta de los padres.

cartón: hoja de varios tamaños, hecha de pasta de trapo, papel viejo y otras materias.

cebollo: tonto, cabezón, ignorante.

cerilla: varilla fina de cera, madera o cartón con una cabeza de fósforo que se enciende al frotarla con una superficie adecuada.

colgar: suspender, poner algo o a alguien de modo que no llegue al suelo.

contenedor: recipiente amplio para depositar residuos diversos.

coser: unir con hilo, generalmente enhebrado en la aguja, dos o más pedazos de tela, cuero u otro material.

chungo: de mal aspecto, en mal estado, de mala calidad.

de golpe: bruscamente.

de reojo: mirada con disimulo o prevención.

despacho: habitación o local destinado para despachar los negocios, para trabajar o para estudiar.

enemigo: persona que tiene mala voluntad a otra y le desea o hace mal.

escalofriante: pavoroso, espeluznante, horroroso.

esclavitud: estado del esclavo, del que pertenece a un dueño.

esclavo: persona que, por estar bajo el dominio jurídico de otra, carece de libertad.

"flipao": flipado; que está asombrado o asustado.

garbanzo: planta herbácea papilionácea, con tallo de 4 o 5 dm de altura, hojas compuestas aserradas por el margen, flores blancas y fruto en vaina inflada, pelosa, con una o dos semillas amarillentas de aproximadamente 1 cm de diámetro.

hipo: espasmo súbito y convulsivo del diafragma y la glotis que produce una respiración interrumpida y violenta y sonido inspiratorio.

jugar: hacer algo con alegría para divertirse o entretenerse en un juego.

largo: que tiene mucha longitud.

legal: leal o formal en su comportamiento.

marcha: protesta o movimiento ordenado de personas que caminan juntas.

marro: juego de niños en que los jugadores, divididos en dos bandos, intentan atraparse mutuamente.

molar: gustar o agradar mucho una cosa.

molón: que gusta o agrada mucho.

petardo: persona o cosa pesada y aburrida.

rato: intervalo indeterminado de tiempo, generalmente corto.

recoger: juntar, reunir.

sacar: extraer algo o ponerlo fuera del lugar o condición en que estaba.

salir del tiesto: no respetar las normas.

suplente: que reemplaza, sustituye a algo o a alguien en sus funciones.

temblar: agitarse con movimiento frecuente e involuntario, por ejemplo, de frío.